19

한림신서일본학총서

일본 사회의 인간관계

일본 사회의 인간관계

나카네 지에 지음
양현혜 옮김

小花

한림신서 일본학총서 19

일본 사회의 인간관계

2판 3쇄 발행 ▪ 2013년 2월 15일

지 은 이 ▪ 나카네 지에
옮 긴 이 ▪ 양현혜

발 행 인 ▪ 한림대학교 일본학연구소
발 행 처 ▪ 도서출판 소화
등　　록 ▪ 제13-412호
주　　소 ▪ 서울시 영등포구 영등포동 94-97
전　　화 ▪ 02-2677-5890(대표)
팩　　스 ▪ 02-2636-6393
홈페이지 ▪ www.sowha.com

ISBN 978-89-8410-196-8 94080
ISBN 978-89-8410-105-0 (세트)

잘못된 책은 언제나 바꾸어 드립니다.

값 8,000원

차례

머리말 · 7

제1장 서론 · 9

제2장 '장'에 의한 집단의 특성 · 20

제3장 '종적' 조직에 의한 서열의 발달 · 54

제4장 '종적' 조직에 의한 전체상의 구성 · 73

제5장 집단의 구조적 특색 · 88

제6장 리더와 집단의 관계 · 104

제7장 사람과 사람과의 관계 · 119

맺음말 · 139

역자 후기 · 144

약력 · 149

머리말

이 책은 현대 일본 사회를 분석한 것이지만, 일본의 근대화 과정과 그에 따른 사회적 변화라는 관점에서 일본 사회를 다룬 종래의 논문이나 평론과는 그 성질이 다르다.

필자가 목적하는 것은 현대 일본 사회를 사회인류학적인 입장에서 분석하면 어떤 해석이 가능하고, 그것을 어떻게 이론적으로 구성할 수 있는가 하는 점이다.

즉, 일본 사회에 대한 설명이 아니라 일본의 사회현상을 자료로 사회인류학에서 말하는 사회구조(제1장 2 참고)와 비교하면 일본 사회를 어떻게 자리매김할 수 있는가 하는, 사회구조 분석에 관한 새로운 이론을 제시하고자 하는 것이다.

따라서 일본의 근대화는 어떻게 파악되어야만 하는가, 또한 일본 사회는 어떠한 모습으로 변하는 것이 바람직한가, 일본 사회는 어디로 가야 하는가 등의 문제를 다루는 것이 아니다. 그러나 필자의 입장이 이론적인 것이므로 서술도 가능한 한 객관성을 높이기 위해 노력했기 때문에 오히려 이 책은 여러 가지 용도로 사용될 수 있을 것이다.

이러한 의미에서 각각의 입장에서 여러 가지 문제를 생각하고 있는 독자들의 사고에 어떠한 힌트나 자극을 주고, 일상생활에서 마주치게 되는 여러 가지 사회현상을 이해하는 데 도움이 될 수도 있으리라. 만일 그렇게 된다면 필자에게는 예기치 못했던 큰 기쁨이 될 것이다.

이 책은 『중앙공론』(1964년)에 발표했던 논문 「일본적 사회구조의 발견」을 가필, 수정하여 발전시킨 것이다. 그러나 필자의 기본적인 이론은 조금도 변하지 않았다.

위의 논문을 발표한 이래 많은 독자들의 반향이 있었고 또 대학, 연구소, 기업경영, 인사관리, 교육연수 등 각 방면의 여러 기관과 모임에서 이 논문에 관한 세미나나 강연을 의뢰받았다. 또한 많은 분들로부터 유익한 의견을 들을 수 있었다. 그 덕분에 이 책의 내용을 보다 풍부하게 할 수 있었음을 이 자리를 빌어 새삼 감사드린다.

또 위 논문에서 제시한 '종적', '횡적'이라는 개념과 고찰방법이 이미 상식처럼 되어 많은 사람들이 사용하게 된 것도 필자에게는 더할 수 없는 기쁨이다.

1966년 12월

나카네 지에(中根千枝)

제1장 서론

1. 일본 사회를 새롭게 해명한다

이론과 현실이 어떻게 다른가, 그 내용이 문제

일본의 사회 또는 문화를 논하는 경우, 지금까지 취해 온 방법은 대개 다음의 두 가지로 요약할 수 있다.

첫째, 서구의 학자가 유럽을 주된 연구대상으로 설정하여 확립한 이론(방법론이라기보다는 오히려 완성된 이론)이나 모델을 사용하여 일본의 여러 현상을 정리하고 설명하는 것이다.

둘째, 대개 서구와 비교해 일본에서만 볼 수 있는 여러 현상을 특징적인 것으로 추출해 내어 그것을 다룸으로써 일본인, 일본 사회, 일본 문화를 파악하려고 하는 것이다. 이 입장은 첫 번째의 입장에 반대하면서 나왔지만, '서구'라는 모델을 부정적으로 보기는 하나 일단 서구를 전제로 해 출발한다는 점에서 첫 번째 입장과 동일선상의 양극에 위치하고 있다.

물론 사회과학이 서구에서 발달한 학문인 까닭에 뛰어난 분석과 이론이 서구에서 나왔으므로 그 효용을 일본 학자들이 받아들이는 것은 당연하다. 그러나 이들 이론을 역사도, 민족도 서구와는 현저하게 다른 사회에 적용할 경우, 당연히 서구 사회에 적용했을 때와는 달리 잘 부합되지 않는 문제가 생긴다. 물론 추상적인 이론과 현실 사회의 여러 현상들 사이에는 언제나 상당한 차이가 있으며, 이러한 이론들이 서구 사회에도 그대로 딱 들어맞는 것도 아니다. 더구나 사회는 동태적인 것이어서 일단 설정된 모델도 항상 수정되어야 하는 것이다.

이론(model)과 현실(reality)과의 차이는 이와 같이 '서구'의 경우에도 '일본'의 경우에도 당연하게 보이지만, 문제는 그 차이의 내용이다. 즉 그 차이라는 것이 문제의 핵심을 떠난 주변적인 부분으로 보이는 경우와, 치명적인 부분으로 보이는 경우는, 그 차이의 질이 달라진다. 바꾸어 말하면 추상화된 이론의 타당성, 유효성이 문제가 되는 것이다.

센티자로 재서 만든 기모노는 불완전하다

이것을 비근한 예를 들어 알기 쉽게 설명하자면, '기모노'를 만드는 일에 센티자를 사용하는 것과 비슷하다. 센티자를 사용하면 기모노의 기본 치수가 모두 꼬리수를 달게 된다. 즉 28센티 3밀리 반이라든가, 22센티 7밀리라든가 하는 식으로 대단히 불합리한 치수가 되어 버린다. 만일 이것이 잘 맞춰지지 않는다고 해서 센티 이하, 또는 5밀리 이하를 잘라 버리고 기모노를 만든다면 도대체 그 옷모양은 어떻게 되겠는가. 대충 닮은 것은 만들어지겠지만, 그것은 전통적으로 이상적인 '기모노'라 생각해 온 것과는 거리가 멀 것이다. 결국 기모노에 필수적인 실루엣이 깨져 진짜 멋쟁이라면 도저히 입을 수 없게 될 것이다.

이에 대해 가장 합리적인 방법은 말할 필요도 없이 일본의 재래자를 사용하는 것이다. 이 자를 사용하면, 기모노의 구조를 결정하는 기준 치수는 뒷기장 7촌 5분, 앞기장 6촌, 폭 4촌이라는 식이 될 것이고, 남자의 옷이라면 각각 8촌, 6촌(살찐 사람의 경우라면 6촌 5부라든가), 4촌이라는 식이 될 것이다. 소위 말하는 합리적인 치수이므로 이상한 꼬리수는 결코 나오지 않는다.

남는 플러스 알파를 어떻게 처리할 것인가

그래서 기모노를 모르는 사람에게 기모노 구조를 설명하는 데는 두 가지 방법이 있다.

하나는, 그 사람이 잘 알고 있는 센티자로 기준이 되는 각 부분의 치수를 표시하여 그것을 종합해 가는 것이다. 또 다른 하나는 일본의 재래자를 설명하면서, 이것으로 기준 치수를 제시하고, 다음 단계에서 일본의 재래자와 센티자를 비교하는 것이다. 두 가지 방법 모두 비교방법의 하나인데, 전자는 직접적이며 추상에서 구상의 단계로 끌어 오는 것이고, 후자의 경우는 각각을 구상에서 추상으로라는 조작을 통해 추상과 동일한 차원에서 비교하는 것이다.

센티자로 기모노의 기준 치수를 잰다는 것은 서구에서 나온 이론을 일본 사회에 적용하는 것으로, 당연한 것이지만 거기에는 늘 꼬리수라고 하는 플러스 알파가 남는다. 그리고 이 플러스 알파가 사회 구성의 미세한 부분에서만 나온다면 다행이지만, 본질적인 부분에서도 나올 수도 있다는 위험성을 내포한다.

지금까지 일본의 사회과학자들은 이 플러스 알파 부분을 일본의 봉건적 유산이라든가, 일본의 후진성이라고 규정해, 이렇게 대단히 편리한 처리방법으로 이 문제를 늘상 해결하려고 했다. 그리고 일반 사람들도 이러한 견해를 별다른 거부감 없이 수용해 왔다.

영국에 의해 대표되는 서구가 선진국이라는 것은 연대적으로 공업화가 빨랐다는 역사적 사실을 의미하는 것으로, 현재 일본의 공업화 수준이 서구보다 낮다는 것은 아니다. 나아가 공업화 수준이 같다고 해서 꼭 그 사회구조도 같다고 할 수는 없다.

물론 공업화가 세계적으로 동일한 사회현상을 일정한도 내에서 가져오는 것도 사실이다.

예를 들면, 도시로 인구집중, 행정 산업면에서 조직의 획일화, 봉급생활자와 중산층의 증대, 생활패턴의 균일화, 특히 그중에서도 이전보다 가족형태가 단순화되고 부부와 그 자녀로 구성되는 핵가족이 압도적으로 큰 비중을 차지하게 되는 것 등은 주목해야만 하는 현상이다. 나아가 교육수준의 향상, 사회 복지시설의 발달 등은 어느 나라에서도 볼 수 있는 공통된 현상이다. 그러나 공업화에 따른 이런 공통의 커다란 변화에도 불구하고, 그 사회 개인을 둘러싼 실질적인 인간관계 모습 등을 고찰하면, 사회에 따라 놀랄 만큼 차이가 있으며 거기에는 각각 그 사회의 전통적인 모습이 존속하고 있음을 알 수 있다. 이러한 측면은 이 책의 논의 전개에 따라 여러 면에서 나타나는데, 예를 들면 일본의 대기업이나 관청은 서구와 완전히 같은 조직을 갖고 있음에도 불구하고 그 사람들이 무엇인가를 결정하려 하는 경우, 회의를 진행하는 방법, 또는 외부 사람과 의견을 절충해 가는 모습 등에서 완전히 일본적인 방식이 취해진다. 이것을 같은 근대적 사업에 종사하고 있는 영국인의 회의나 절충방식과 비교하면, 토론의 주제나 내용이 동일하다 하더라도 그 방법과 진행방식이 매우 달라, 오히려 그것은 과거 일본 농촌의 방식과 그 구조가 같다.

이같이 형식이나 내용은 같다 할지라도 그 방식, 진행방법 등이 다르다는 것은 그 사회의 질을 파악하는 데 매우 중요하다.

종래의 근대화론에 대한 반성

종래의 근대화론에서는 소위 하부구조가 상부구조를 규정해 간다는 생각이 강했고, 따라서 일본의 공업화가 서구 수준에 도달하면 사회의 모습도 서구같이 될 것이라는 견해가 지배적이었기 때문에 서구에서 찾아보기 어려운 사회현상을 일괄해서 일본의 후진성이라든가, 봉건적 유산이라고 설명하는 경향이 강했다.

말할 필요도 없이 이러한 견해는 단순한 발전단계설에 의거해서 서구를 일본보다 훨씬 앞선 고차원의 선진국이라고밖에 생각하지 못하는, 메이지(明治), 다이쇼(大正)시대 이래의 일본 지식인들이 빠져 있는 뿌리깊은 서구 콤플렉스에 근거하는 것이다.

또 이들 일본 지식인들이 '서구 사회'를 책을 통해서 판에 박힌 스테레오타입의 이미지로 받아들였다는 점에도 적지 않은 이유가 있을 것이다. 서구 사회가 선진국이라는 이름 아래 놀랄 정도로 단순화되어, 서구 여러 사회에 내재하는 복잡함을 실태로서 파악하려는 시각이 없었다는, 비교사회학적 고찰에 커다란 약점이 있었다는 점도 지적할 수 있다.

영국에 가면 일본과 같이 그들은 일이 잘 진척되지 않을 때에는 "영국은 아시다시피 봉건적이라서요. 이런 일들이 잘 처리되지 않습니다"라고 한다든가, "역시 사람을 알아두는 것과 그렇지 못한 것과는 경우에 따라 상당히 차이가 있네요"라고들 한다. 구체적인 상황이나 내용은 달라도 프랑스나 이탈리아에서도 영국에 결코 뒤지지 않을 정도로 근대화의 이상(理想)에 저항하는 여러 가지 문제를 안고 있다.

이러한 눈에 보이지 않는 분야에 존재하는 여러 가지 문제는 서구 여러 나라에서조차도 상당한 차이가 보인다. 하물며 지리적으로 멀리 떨어져 있고 역사적으로도, 문화적으로도 매우 다른 일본 사회의 경우 같은 공업화 수준에 있다 하더라도, 그 사회의 문제 내용이 상당히 다르다는 것은 오히려 당연한 일일 것이다.

앞에서도 말했듯이 하부, 상부구조의 상관관계가 있다는 것은 물론이지만, 경제적으로 공업화되었다고 해서 일본인의 사고방식, 인간관계의 양상이 모두 서구식으로 변한다거나 또는 그것에 가깝게 된다고 생각하는 것은 너무나 단순한 발상이 아니겠는가?

뒤에서 말하겠지만, 모든 근대적인 조직 속에서 일하고 있는 일본인이 얼마나 '서구' 여러 나라의 인간들과 차이가 나는지 그리고 일본인으로서 본질적으로 적어도 메이지 이래 별로 변하지 않았다는 사실은 이런 단순한 사고에 반성을 촉구하는 것이라고 말하지 않을 수 없다. 중요한 것은 단순히 변한다는 것이 아니라 경제적 정치적인 변동, 변화를 통해 어떠한 부분에 변화가 보이고 어떠한 부분이 변하지 않는가라는 점 그리고 그 변화된 것과 변하지 않는 것이 일본 사회 안에서 어떻게 모순을 일으키지 않으면서 통합되어 가는가 하는 점이다.

첫 번째의 서구 이론 사용파에 대해서 두 번째 입장인 특색파는, 전자가 무시해 버리는 플러스 알파를 중요시하여 그것을 적극적으로 강조하면서 좋은 의미건 나쁜 의미건 거기에서 의의를 발견해 내고, 그것에 근거하여 일본의 사회와 문화를 설명하려고 하지만 이 입장은 '서구'의 이론적 성과를 오히려 부정적으로 사용하기 때문에 이론적으로는 대단히 취약하다. 굳이 말한다면 논리적 일관성이 결여되어 순간적으로 생각나는 설명과 같은 이론적 약점을 가지고 있다.

2. '사회구조'의 탐구

조직, 양식은 달라도 사회구조는 동일하다

이쯤 되면 독자들은 이 책의 목적을 간파했으리라. 그것은 첫 번째와 두 번째 어느쪽 방법도 아닌, 일본 사회의 구조를 가장 적절하게 잴 수 있는 자(기모노에서 일본 재래자)를 제시하고자 하는 것이다. 이것은 말할 필요도 없이 사회인류학에서 말하는 '사회구조'(Social Structure)의 탐구이다. 사회인류학은 사회과학의 하나로서 1930년대부터 영국에서 특히 발달한 특징적인 방법론을 가지고 있다.[1] 그

1) 이 사회인류학은 지금까지 미개 사회의 실태조사에 근거해 발달해 온 것인데, 최근 들어 그 연구는 눈부신 발달을 보여, 종래 역사학자나

커다란 특징 중 하나는 여러 사회를 비교함에 있어서, 사회학 등이 '서구 사회'에서 만들어진 이론을 항상 기준으로 하여 그것을 다른 사회에 적용시켜 가는 방법을 취하는 데 반해, 사회인류학에서는 '서구 사회'를 비교의 기준으로 삼지 않는다.

하나의 사회를 일정한 방법론에 기초한 실태조사 데이터를 해석, 종합함으로써 그 사회의 기본적인 원리를 추출하고 이론화해—그렇게 함으로써 포착되는 것을 '사회구조'라는 기준용어(key-term)로 표현하고 있다—다른 사회와 비교를 실시하는 연구방법이다.

한마디로 말하면 사회인류학 연구는 '사회구조의 비교연구'라고 말할 수 있다.

따라서 '사회구조'는 사회학, 경제학, 역사학 등에서 종래 사용되어 왔던 '사회구조'라는 용어와는 의미가 조금 다르다. 즉 후자는, 예를 들면 17세기 영국의 사회구조라든가, 일본 농촌의 사회구조

사회학자가 대상으로 하던 것과 같이, 일본이나 서구 사회를 포함해 규모가 큰 복잡한 사회(이것을 complex society라고 부른다)도 대상으로 다룰 수 있게 되었고, 많은 연구성과를 거두고 있다.
물론 방법론적으로는 아직 해결해야 할 여러 가지 문제들이 있으나 비교연구, 사회현상에 대한 해석 등에 있어서 다른 사회과학이 갖지 못하는 독특한 장점도 갖고 있다. 여기에서 필자가 현대 일본 사회를 다룬 것도 이런 최근 일련의 사회인류학의 연구발전과 맥을 같이하는 것이다. 그러나 이 책은 어디까지나 순수한 학술연구라기보다는 일반 지식인을 대상으로 한 것이기 때문에 필자 자신의 연구의 일단이 표출된 것에 불과하다.
보다 정밀한 일본 사회 연구를 위해서는 필자의 *Kinship and Economic Organization in Rural Japan,* 1967, London, Athlone Press를 참고하기 바란다. 이것은 이 책에서 전개하는 이론의 모체를 제공하고 있다.

라고 사용되어 그 시대 또는 그 사회의 전체상, 중복되는 요소들의 구조, 제도화된 방식이라는 의미가 있다. 이에 반해, 사회인류학에서 말하는 '사회구조'는 보다 추상화된 개념으로서 일정한 사회에 내재하는 기본 원리라고도 말할 수 있는 것을 의미한다.

예를 들면, 사회조직(Social Organization)은 변했어도 사회구조(Social Structure)는 변하지 않는 경우가 있다. 본론에서 분명히 하겠지만, 집단으로서의 촌락과 도시의 회사와 같은 조직은 그 조직, 양식이 다름에도 불구하고 사회집단으로서의 '구조'는 동일하다고 지적할 수 있다.

'사회구조'가 해명하는 것

사회인류학에서 말하는 기본 원리는 항상 개인과 개인, 개인과 집단 또는 개인들로 형성된 집단과 집단과의 관계를 기반으로 해서 도출된다.

이 관계는 사회(또는 문화)를 구성하는 여러 요소들 중에서 가장 변하기 어려운 부분이고, 또 경험적으로도 이 점은 입증될 수 있다.

이것은 이미 많은 사회인류학자들이 여러 사회에 대한 연구에서 입증하고 있는데, 일본 사회에 대해 간단한 예를 들어 보면, 메이지 이래 특히 전에 일본인의 생활형태—의식주에서 나타나는 것과 같이—는 비약적으로 변화되어 왔다. 일본을 방문하는 외국인들을 놀라게 할 만큼 서구적인 양식을 받아들여 왔다. 눈에 보이는 문화라는 점에서는 이렇게 크게 변화되어 왔지만 일상생활의 관계라든가 거래방식 등은, 그 기본적인 면에서 거의 변하지 않았다고 할 수 있다.

학생이 선생님을 대하는 것 또는 아버지를 대하는 아이들의 태도, 예의적인 의례들이 간략화되었다든가, 경어의 사용이 혼란스러워지는 등등 전후 사회생활의 변화가 여러 가지로 지적될 수 있는데 그 변화의 대표적인 것으로 보이는 젊은이들, 예를 들면 학생들 사이에서는 지금도 상급생, 하급생 사이에 뿌리깊은 구별이 있고, 직장에는 보스가 있으며, 그 외의 분야에 있어서도 동일 집단 내의 상하관계라는 서열의식은 아직도 모든 면에서 뚜렷이 남아 있다.

언뜻 보았을 때 외부 사람의 눈에는 비치지 않는, 그렇지만 개인생활에서 가장 중요한 인간관계의 형태야말로 사회인류학에서 말하는 인간관계의 주요한 부분, 즉 변하기 어려운 부분인 것이다.

이 책에서는 이와 같이 변하기 어려운 기본적인 인간관계의 형태를 고찰하고 그것을 논리적으로 종합하여, 그 사회의 구조적인 존재양식을 포착하려고 한다.

이렇게 해서 설정된 '사회구조'는 그 사회의 복잡한 여러 현상을 해명할 뿐만 아니라 사회가 내적인 변화와 외적인 자극을 받았을 경우에 그것에 대응할 수 있는 여러 가지 가능성의 범위를 설정하는 요체와 같은 것이 될 것이다. 또한 그것은 변화현상에 대한 이론적인 설명이나 다가올 변화현상에 대한 일정한 예측을 도출해내는 기반도 될 수 있다.

변화란 어떤 시대 또는 어떠한 사회를 예를 들어 보더라도 백지상태에서 일어나는 것이 아니라, 그 이전의 일정한 역사적 존재 위에서만 일어나는 것으로, 그것에 대한 완전 부정이나 그것과 동떨어진 대변화는 없다. 만일 있다면 대단히 규모가 작고, 구성인구가 적은 미개 사회가 압도적인 경제력과 정치 권력을 가진 외래 사회에 강제적으로 합류되는 경우가 있을 뿐이다.

과연 타당성과 유효성을 갖는가

'사회구조'의 지속성 내지 집착성의 정도는 그 사회가 오래된 사회일수록, 또 그 사회의 인구가 많고 인구 밀도가 높을수록 강하다. 사회가 그 자체로서 고도로 통합되어 있고, 또 사회로서 질이 높고 두텁기 때문에 한층 더 강인한 힘을 갖는 것이다. 근대화에 따른 모든 변화현상도 이것을 전제로 해서 생각해야만 한다.

예를 들면 인도가 근대화하는 과정에서 그 사회의 존재형태가 일본과 같은 변화의 길을 밟지 않은 것은 당연한 것으로, 근대화의 복잡성도 여기에 있다.

더욱이 사회인류학 연구는 그 기초가 사람의 행동 관찰에서 출발하므로 '사회구조'이론은 사회조직 자체만이 아니라 그 사회 사람들의 사고방식, 행동양식도 논리적인 일관성을 갖고 어느 정도 설명할 수 있다.

따라서 필자가 여기에서 일본의 여러 사회집단에서 나타난 다양한 현상에서 도출하여 제시하는 구조의 이론적인 타당성 여부는, 그 이론적인 일관성뿐만 아니라 실제로 일본 사회에 나타나는 제 현상, 일본인이 취하는 행동양식, 사고방식, 가치관 등에 대한 타당성 내지 유효성의 여부라는 관점에서도 검증될 수 있다.

제2장 '장'에 의한 집단의 특성

1. 집단 분석의 열쇠 : '자격'과 '장'

'자격' 및 '장'은 무엇인가

일정한 개인으로 구성되는 사회집단의 구성요인을 극히 추상적으로 파악하면 두 개의 다른 원리, 즉 자격(資格)과 장(場)을 설정할 수 있다.[1] 집단구성의 첫째 조건이 그것을 구성하는 개인의 '자격'의 공통성과 '장'의 공유를 들 수 있다.

---

1) 사회집단의 존재양식에 대해서는 이미 사회학의 분야에서 많은 시도가 이루어져 왔다. 예를 들면 오늘날에는 고전적인 존재가 된 테니스의 '게마인 샤프트', '게젤 샤프트'의 개념이 그 대표적인 것이라 말할 수 있다. 이와 같은 사회유형 설정은 '사회란 무엇인가'라는 철학적 고찰에 대해서 일련의 기본적 개념에 의한 사회의 전형을 제시하고 있으나, 현실 사회에 대한 실제적인 조작을 기본으로 한 여러 사회의 비교연구에는 별로 유용성이 없는 개념이다.
또 최근 일본에서도 대단한 평판을 얻은 T. 파슨즈와 J. 호만 등에 의해 주도된 사회집단에 관한 이론도, 그 자체로서는 분명히 뛰어난 것이지만 서로 다른 사회의 질적인 차이, 변수를 어떻게 해석하고 처리해야만 하는가 하는 비교연구에서 중요시되는 문제에 관해서는 충분히 고려하지 않는다. 따라서, 여러 사회의 비교를 전제로 하는 경우, 이들 이론을 일본 사회의 구조분석에 직접 사용하기에는 많은 한계가

여기에서 자격은 통상적으로 사용되는 의미보다 훨씬 넓은 것으로 사회적 개인의 일정한 속성을 나타내는 것이다.

예를 들면, 친자관계나 출신과 같이 태어날 때부터 개인에게 부여된 속성이 있는가 하면 학력, 지위, 직업 등과 같이 후천적으로 개인이 획득한 속성도 있다. 또 경제적인 측면에서 볼 때 자본가, 노동자, 지주, 소작인과 같은 것은 자격의 종류이며, 또 남녀노소 등의 생물학적 차이에서 생기는 일종의 사회적인 위상도 여기에서 말하는 자격(속성)의 하나로 들 수 있다.

이와 같이 특정한 개인을 다른 사람과 구별할 수 있는 속성을 기준으로 해 집단이 구성되고 있을 경우 '자격에 의한' 구성이라고 한다. 예를 들면 특정한 직업집단이나 특정한 부계(父系) 혈연집단 또는 하나의 카스트집단 등이 그 예이다.

이에 반해 '장에 의한다'는 것은 특정한 지역이라든가, 소속기관 등과 같이 자격의 차이를 문제시하지 않고, 일정한 테두리에 의해 개인이 집단을 구성하는 경우를 가리킨다. 예를 들면 어떤 마을의

있다는 것이 필자의 입장이다.
여기서 필자는 일본 사회의 구조분석에 가장 타당한 방법을 숙고한 결과, 먼저 이 책에서 소개하는 자격과 장이라는 새로운 분석개념을 설정하여 이론을 전개하기로 한 것이다. 따라서 여기에서 소개하는 이론은 빌려온 것이 아니라 필자가 고안한 방법이다. 또 이 논문의 의도는 일본 사회를 기술적(記述的)으로 설명하려는 것이 아니라 특정한 사회집단에 대한 이론적 시작(試作)에 있으며, 그 재료를 일본 사회에서 구하고 있는 것이다. 따라서 그 출발이 되는 개념 설정은 일본 이외의 다른 사회와의 비교연구에도 유용될 수 있는 대단히 추상도가 높다.

성원이라는 식으로.

산업계의 경우, 선반공이라는 것은 자격이고 甲회사의 사원이라는 것은 장에 의한 설정이다. 교수, 사원, 학생이라는 것은 각각의 자격이고 乙대학의 사람이라는 것은 장인 것이다.

사회마다 다르다

어느 사회에서도 개인은 자격과 장에 의해 사회집단 또는 사회계층에 속해 있다. 이 양자가 완전히 일치해 하나의 사회집단을 구성하는 경우는 거의 없다고 말할 수 있는데, 대개 양자는 교착하면서 각각 두 개의 다른 집단을 구성하고 있다. 여기에서 흥미있는 것은 필자의 고찰에 의하면 사회에 따라서 자격과 장, 둘 중 어느 하나가 우선하든지 아니면 양자가 서로 필적하는 기능을 가지고 있다는 점이다.

이 기능의 존재양태는 그 사회에 소속된 사람들의 사회적 인식에 의한 가치관과 밀접한 상관관계가 있다. 그리고 거기에서 그 사회의 구조를 단적으로 고찰하는 것도 가능하다. 이 점에서 가장 극단적인 대조를 보이는 것은 일본과 인도일 것이다.

즉 일본인의 집단의식은 장에 중점을 둔 것이고, 인도에서는 반대로 자격—가장 상징적으로 나타나는 것은 기본적으로 직업, 신분에 의한 사회집단인 카스트이다—에 두고 있다. 인도 사회에 대해 여기에서 논할 수는 없지만 사회인류학의 구조 분석의 필드라는 관점에서 보면, 일본과 인도만큼 이론적으로 첨예한 안티테제를 보이는 예는 세계에서 없을 것이다. 이에 비해 중국이나 유럽 사회는 이렇게 극단적인 것은 아니고, 그 중간(인도에 보다 가까운)에 위치한다고 할 수 있다.

2. '장'을 강조하는 일본 사회

직종보다도 회사명

그럼, 지금부터 본론에 들어가는데, '장'을 강조하는 일본 사회집단의 존재양식을 분석해 보자.

일본인이 타인에 대해 자기를 사회적으로 자리매김하는 경우, 즐겨 쓰는 것은 자격보다 장을 우선하는 것이다. 기자라든가 엔지니어라고 하는 것보다도 먼저 A社, S社의 사원이라는 점이다. 또 타인이 그 사람에 대해서 보다 알고 싶어하는 것도 A社, S社라고 하는 것이 먼저이고 그 다음에 기자인가, 인쇄공인가, 엔지니어인가, 사무원인가 하는 자격이다.

실제로 "S텔레비전에 근무합니다"라고 해서 프로듀서나 카메라맨일 것이라고 생각했는데, 운전수였다는 경우가 종종 있다(최근에 일본에서는 대부분이 양복을 입기 때문에 언뜻 봐서는 알 수 없는 경우가 많다).

여기에서 확실히 말할 수 있는 것은 장, 즉 회사라든가 대학이라는 테두리가 사회적으로 집단구성, 집단인식에 커다란 역할을 하고 있고 개인이 가지고 있는 자격 자체는 부차적인 문제라는 것이다.

이 집단인식의 존재양식은 일본인이 자기가 속한 직장, 즉 회사나 관청, 학교 등을 '우리들의', 상대방의 그것을 '당신들의'라는 표현을 사용하는 데서도 잘 나타난다.

이 표현이 시사하듯이 '회사'는 개인이 일정한 계약관계를 체결한 기업체라는, 즉 자기에게 객체로서 인식되는 것이 아니고 나의 또는 우리들의 회사로서 주체화하여 인식되고 있다. 그리고 대개의 경우 회사는 자기의 사회적 존재의 모든 것이고 전 생명의 의지처라는 정서적인 요소가 강하게 들어 있다.

A社는 주주의 것이 아니고 우리들의 것이라는 논법이 여기서 시작된다. 이 강렬하고 소박한 논법 앞에서 그 어떤 근대적인 법이라도 현실적으로 양보하지 않을 수 없는 지극히 일본적인 문화적 특수성이 보인다.

대표는 생활공동체로서의 '이에(家)'

일본 사회에 뿌리깊게 잠재하는 집단의식의 존재형태는 일본 사회의 구석구석까지 침투해 있는 전통적인 그리고 보편적인 '이에(家)'의 개념에 명확하게 대표되고 있다.

'이에'에 대해서는 종래 법학자나 사회학자들이 '이에제도'라는 이름하에 꽤 많은 논의를 해 왔다. 그리고 근대화에 따른 특히 신헌법에서 '이에'가 없어졌다고 믿고 있다. 이러한 입장은 '이에'를 봉건적인 도덕규범 등과 결부시킨 이데올로기적인 견지에서 논한 것으로, 사회적 집단으로서 그 본질적 구조에 대해서는 충분히 고찰되고 있다고 말할 수 없다.

필자의 입장에서 본다면 '이에'를 구성하는 가장 기본적인 요소는 이에를 상속한 장남부부가 노부모와 함께 기거하는 형식 내지는 家長權의 존재라는 권력구조가 아니라, '이에'는 생활공동체로서 농촌의 경우, 경영체라고 할 수 있는데 그것을 구성하는 '이에' 성원(대부분의 경우 家長의 가족구성원이지만, 가족성원 이외의 사람도 포함한다)에 의해서 성립된 명확한 사회집단의 단위라는 것이다. 즉 거주(공동생활체) 또는 경영체라는 테두리를 형성함으로써 구성된 사회집단의 하나이다.

형제, 자매보다 중요한 며느리, 데릴사위의 존재

여기에서 중요한 것은 '이에' 집단 내의 인간관계가 다른 모든 인간관계에 우선하는 것으로 인식된다는 점이다.

즉 다른 '이에'로 출가한 피를 나눈 자기의 딸, 자매들보다 다른 집에서 들어온 아내, 며느리가 비교도 안 될 정도로 중요성을 가지며 같은 형제라 할지라도 일단 다른 '이에'를 구성할 경우, 다른 집 사람으로 인식되고 반면 완전히 타인이었던 양자는 '우리 집 사람'으로서 다른 집에 있는 형제보다도 중요한 존재가 된다. 형제 자매관계, 즉 같은 부모에게서 태어났다는 자격의 공통성에 근거한 관계가, 강한 기능을 갖고 죽을 때까지 강력하게 지속되는 인도의 경우와 비교해 볼 때 놀라운 차이가 있다.

이론적으로 형제 자매관계가 강하면 강할수록 주거체로서의 '이에'의 사회적 독립성은 약하게 되는데, 실제로 인도에서는 일본에서 볼 수 있는 '이에'제도는 전혀 발달되어 있지 않다(말할 필요도 없이 일본과 같은 데릴사위제는 힌두 사회에는 존재하지 않는다. 유럽에서도 마찬가지다). 즉 같은 혈연의 사람과 그렇지 않은 사람과는 확실히 구별된다는 자격에 의한 집단구성력이 테두리에 의한 집단구성력에 강하게 대항하고 있는 것이다.

'이에'의 구조에 명백히 나타나는 이 테두리에 의한 기능집단 구성원리는 이론적으로 당연히 자격을 달리하는 구성원을 포함할 가능성이 있고 또 실제로 흔히 있는 일이다. 전혀 피가 섞이지 않은 타인을 후계자, 상속자로서 받아들일 뿐만 아니라 가신이나 고용인이 당당히 '이에'의 구성원이 되고, 이들이 가장의 가족구성원과 같은 대우를 받는 경우가 매우 많았다. 고용인을 딸의 남편으로서, 즉 데릴사위로서 '이에'를 계승시키는 것은 이러한 생각을 전제로 하지 않으면 불가능한 일이다.

일본에서 사회집단 구성의 원리는 이와 같이 '이에'에서 집약적으로 보이며, 일본의 전인구(적어도 에도〈江戸〉 중기 이후 모든 농촌에서)에 걸쳐 공통적으로 '이에'가 보이는 것은 일본 사회구조의 특색으로서, 테두리 설정에 의한 집단구성이라는 것을 포착할 수 있다.

'테두리' 집단으로서의 일족랑당(一族郎黨: 랑당이란 무사로서, 주인과 혈연관계가 없는 従者를 의미함－역자주)

'이에'보다도 커다란 집단으로서는 중세적인 '일족랑당'(一族郎黨)으로 표현되는 집단이 있다. 이것으로 상징되는 집단구성의 존재형식은 필자가 제시하는 테두리에 의한 집단의 존재형식을 정말로 잘 반영하고 있다.

즉 일족(같은 혈통 또는 家系에 연결되는 사람)과 랑당이 나뉜 것이 아니고 일족과 랑당이 한 덩어리가 되어 하나의 사회집단을 구성하는 것이다. 그리고 그들 사이에는 종종 결혼관계도 성립하며 현실적으로 그 차이가 불분명할 정도로 양자는 밀착되어 있다. '이에'에서 가신이나 고용인은 가족성원과 동일한 위치를 갖는다.

나아가 이러한 '이에', '일족랑당'을 구성한 사람들은 근대 사회에 들어가면, '국철 일가(國鐵一家)'적 집단을 구성한다. 노동조합은 직원과 노동자를 동시에 한 덩어리로 끌어 안고 노사협조를 외친다. 이에제도가 붕괴되었다고 말하는 오늘날에도 여전히 '가족단위' 등으로 표현되는 것과 같이, 개인은 늘 가족의 일원으로서 또한 종업원의 가족은 종업원과 함께 하나의 단위로 인식되는 경향이 강하다.

이와 같은 테두리 단위의 사회적 집단인식의 존재형태는 모든 시대를 통해서 도덕적 슬로건에 의해 강조되고, 그 슬로건은 전통적인 도덕적 정당성과 사회집단 구성의 구조적 타당성에 의해 뒷받침됨으로써 그 실현 가능성을 강하게 내포하는 것이다.

3. 성원의 전면적 참가

'테두리' 집단을 강화하는 두 개의 방법

테두리의 설정에 의한 공통의 장을 기반으로 해서 구성되는 사회집단은 결과적으로 자격을 달리하는 사람들을 내포하게 된다는 것은 앞에서 분명히 하였다. 여기에서 다음으로 문제가 되는 것은 이와 같이 자격을 달리하는 사람들로 구성되는 집단이 강한 기능을 갖는 경우, 집단결집력을 끌어내기 위해 어떤 방법이 강구되지 않으면 안 된다는 점이다.

집단이 자격의 공통성에 의해 구성된 경우에는 그 동질성에 의해 어떤 방법을 강구하지 않아도 집단이 구성될 수 있고, 그것 자체로서 명확한 배타성을 가질 수 있다. 물론, 여러 가지 조건이 더해짐으로써 그 기능의 강약이 논해지겠지만 그 성원들의 동질성 자체가 집단구성의 기반으로서 대단한 효용을 갖기 때문에 그 외의 조건은 이차적인 것에 지나지 않는다.

동질성을 가지지 않는 사람들이 장을 공유함으로써 집단을 구성할 경우는 그 원초적인 형태는 단순한 무리에 불과한 것으로 그것 자체로서는 사회집단을 구성할 요건이 되지 못한다.

그것이 사회집단이 되기 위해서는 강력하고 항구적인 테두리, 예를 들면 주거 내지는 경제적 요소에 의한 '이에'라든가, '부락'이라든가 또는 기업조직, 관료조직 등 외적인 조건을 필요로 한다. 그리고 더 나아가서 이 테두리를 더욱 강화시켜 집단으로서의 기능을 보다 강화하기 위해서는 이론적으로 경험적으로 두 가지 방법이 있다.

하나는 테두리 내에 있는 성원에게 일체감을 갖게 할 어떤 자극을 주는 것이고, 또 하나의 방법은 집단 내에서 개개인을 결속하는 내부조직을 만들게 하여 그것을 강화하는 것이다. 이 양자는 경험적으로 보아 서로 병행하고 중복되면서 진행되는 것으로, 실제로는 공통의 운동법칙이 되지만 논술상의 편리를 위해 일단 두 개로 나눠서 고찰하겠다. 여기에서는 먼저 일체감에 대해서 논하고 나아가 제5장에서 내부조직에 관하여 자세히 논하기로 하자.

테두리 안이 생활의 전부

자격이 다른 사람에게 동일한 집단구성원으로서의 인식과 그것이 타당하다고 하는 확신감을 가질 수 있게 하는 방법으로서는, 외부에 대해서 '우리들'이라는 그룹의식을 강조하는 방법이 있다. 그것은 외부에 있는 동일한 그룹에 대한 대항의식이다(이것에 대해서는 본장 5절 및 제4장의 논술에서 자세히 전개할 것이다). 그리고 내부적으로는 '같은 그룹성원'이라는 감정적인 결합을 갖는 것이다. 자격의 차별은 이성적인 것이기 때문에 그것을 초월하기 위해서는 감정적인 접근이 필요하다.

이 감정적인 접근이 초래하는 것은 끊임없는 인간접촉이며, 이것은 종종 공사를 불문하고 개인적인 모든 분야에 인간관계가 침투해 들어올 가능성을 갖고 있다.

따라서 개인의 행동뿐만 아니라, 사상, 사고방식에까지 집단의 힘이 침투해 온다. 이렇게 되면 어디까지가 공적인 사회생활이고 어디서부터가 사생활인가 구별하기 어렵게 되는 사태까지 종종 생겨난다. 이것을 개인의 존엄성을 침해하는 위험 요소로 받아들이는 사람도 있는가 하면, 철저한 동료의식으로 생각하고 안정감을 느끼는 사람도 있다. 그런데 여기서 중요한 것은 후자의 경우가 훨씬 더 강하다는 점이다.

자기의 가정, 연애 이야기 등을 동료에게 이야기하는 일본인이 얼마나 많은가, 같은 촌락 내부의 결혼, 직장결혼이 얼마나 많은

가, 또 회사의 위안여행에 가족이 참가하는 것 등은 이런 것을 단적으로 드러낸다. 이것은 동시에 촌락이라든가, 직장을 제외하고는 자기의 사회생활의 장이 없다는 생활권, 즉 사회학적 장의 단순성, 단일성(일방적 소속)에서 연유한다. 그리고 모든 개인의 문제는 그 테두리 안에서 해결되지 않으면 안 된다.

대조적인 일본의 며느리와 인도의 며느리

먼저 이런 종류의 집단 존재양식의 원형은 앞에서 말한 일본의 소위 '이에'에서 찾을 수 있다. 예를 들면 일본에서는 시어머니와 며느리의 문제는 '이에' 안에서만 해결되어야 하는 것으로 학대받는 며느리는 자기의 친형제, 친척, 내지는 주위 사람들에게서 원조를 받지 못하고 혼자서 고군분투하지 않으면 안 된다.

필자가 조사하면서 대단히 깊은 인상을 받은 것인데, 인도의 농촌에서는 친정집에 가서 장기간 머무를 수 있을 뿐만 아니라, 수시로 형제가 방문을 하고 원조를 받기도 하며, 고부간의 싸움을 옆집에 들릴 정도로 크게 하여 그것을 듣고 같은 카스트에 있는 옆집의 시어머니나 며느리가 응원을 오기도 한다. 다른 마을에서 시집온 며느리끼리 서로 도우며 사는 것은 일본의 여성들이 상상도 할 수 없는 돈독한 것이어서 부러울 정도였다.

이것도 며느리라는 같은 자격을 가진 사람들의 사회적 기능이 발휘되어 이에라는 테두리와 교착하면서 작용하고 있기 때문이다. 일본에서는 반대로 '아이들 싸움에 부모가 나선다'는 식으로 후술하는 바와 같이 완전히 반대의 경향이 존재한다.

가장권의 실체는 '이에'가 갖는 결속력

인도에서는 가족생활을 하는 데 그 성원, 개개인의 지위에 의해 꽤 서로 다른 여러 가지 규칙이 있으나(예를 들면 아내는 남편의 형님이나 아버지에 대해서 직접 얼굴을 보이거나 이야기를 해서는 안 된다는 식의), 그런 것은 모두 개개인의 행동에 관한 것이고 또 그 규칙은 각 집에 따라서 다른 것이 아니라 사회 전체(구체적으로 말하면 각 카스트 성원간)에 공통되는 것이다. 그리고 각 집의 격식에 따라 그 성원들이 구속받는 정도는 일본의 '이에'와 비교하면 훨씬 적다. 사고방식이라든가 사상면에서 같은 가족성원이라도 대단히 개성이 강하고 자유로운 것이 놀라울 정도다.

부창부수(夫唱婦隨)라든가 부부일체라고 하는 도덕적 이상은 어디까지나 일본적인 것으로 집단의 일체감을 강조하는 좋은 표본이다.

종래 소위 '이에'제도의 특색으로 여겼던 일본의 가장권(家長權)은, '이에' 성원의 행동이나 사상, 사고방식에까지 미친다는 점에서, 인도의 가장권보다 훨씬 강력한 힘을 발휘하는 성질의 것이라 말할 수 있다. 근대화에 따른, 특히 전후 '이에'제도가 봉건적인 악덕으로 여겨지고 근대화를 방해하는 것이었다고 생각하는 근저에는 이러한 가장권의 무한한 침투에 따른 악용이 있었다는 것을 지적할 수 있다.

그러나 여기에 덧붙여 말해 두고 싶은 것은 가장권은 가장(家長) 개인의 권력이라고 생각되기 쉽지만, 실은 '이에'라는 사회집단 그룹으로서의 결속력이 성원 개개인의 몸과 마음을 얽어 매고 있었다는 사실이다.

왜 '이에'가 악덕이고 해악인가

인도의 가족제도가 그 사회의 근대화에 있어서 경제적, 도덕적으로 개인을 방해하는 경우는 있어도 개인의 사상이라든가 사고방식에 대해서는 완전히 해방적이었기 때문인지 모르나, 일본인이 전통적인 '이에'제도를 원수처럼 생각하는 데 반해, 인도의 가족제도는 인도인들에게 악덕도 아니고 원수 같은 존재도 아니다.

일본에 오래 유학하고 있었던 인도인이 필자에게 이상하다는 듯이 물은 적이 있다.

"일본인은 왜 조그만 것 하나 하는 데도 일일이 사람들과 상의하거나 모여서 결정하지 않으면 안 되는 것일까요. 인도에서는 가족성원으로서(다른 집단구성원으로서도 그렇지만) 명확한 규칙이 있어서 자기가 무엇인가를 하려고 할 때, 그 규칙에 비추어 보면 일목요연하게 알 수 있기 때문에 가장이나 가족들과 상의할 필요가 없는 규칙 이외의 것은 개인이 자유롭게 할 수 있고, 단지 아무리 해도 그 규칙에 걸릴 때에만 상의를 하는데"라고.

위의 예에서도 알 수 있듯이 규칙이 일본과 같이 개별적이고 구체적인 것이 아니라 사회적으로 추상화된 명확한 형식을 취하고 있어서, '이에' 단위와 같이 개별성이 강하지 않다. 또 가족구성원의 집단참가가 일본인의 '이에'에서 보이는 것과 같은 전면적인 참가가 아니며, 주거 또는 재산 공유체로서의 가족은 '이에'와 같이 폐쇄된 세계도 아니다. 즉 개인은 집 밖으로 연결되는 사회적 네트워크(혈연적으로 묶여 있다는 같은 자격자들 사이에서 만들어지는)에 의해서도 강하게 결합되어 있는 것이다.

4. 가족 전체를 고용하는 관계

'통째로 끌어안는' 식의 고용관계는 대기업이 현저

일본의 '이에'에서 보이는 집단으로서의 특색은 대기업을 사회집단으로서 볼 경우에도 나타난다. 즉 종신고용제에 의해 일을 중심으로 한 종업원들의 봉쇄적인 사회집단이 구성된다(신규 채용자는 마치 새로 태어난 가족성원 내지 데릴사위로서 새로 참가하는 위치에 선다). 뿐만 아니라 사택생활, 종업원가족위안회, 결혼, 출산 그 외의 경축금, 부조금제도 등에서도 알 수 있듯이 종업원의 사생활, 즉 그 가족에게까지 회사의 기능이 미치고 있다.

그리고 흥미로운 것은 이러한 경향은 가장 첨단을 걷는 대기업일수록, 또 근대적이라든가 선진적이라고 불리는 경영에서 매우 현저하게 나타난다는 점이다.

메이지 이래 현재에 이르기까지 일본의 경영관리에서 일관되게 나타난 것은 소위 '기업은 곧 사람이다'는 입장으로, 경영자와 종업원은 일을 매개로 해서 계약관계를 맺는다기보다, 경영자들의 말에 잘 나타나듯이 경영자와 종업원은 '인연이 있어서 결합된 사이'로 그것은 부부관계에 필적할 수 있는 사람과 사람의 결합으로 이해되고 있다.

이와 같이 종업원을 가족의 일원으로 "통째로 끌어안는다"라는 표현에서 나타난 것과 같이, 일이 아니라 사람을 끌어안는 것이기 때문에 당연히 그 부속물인 종업원의 가족도 들어온다. 따라서 일본 기업의 사회집단으로서의 특색은 그것 자체가 '가족적'이라는 것, 종업원의 가족이 외연적(外延的)으로 포함되기 때문에 종업원들의 사생활에까지 확대된다는 것, 이 두 가지 점에 있다. 후자는 전자의 당연한 결과로서 나타난다.

며느리의 입장과 꼭 닮은 종업원

사생활의 영역에까지 미친다는 것은 종업원의 사고방식, 사상, 행동을 규제해 가는 것으로, '이에'에서 가족성원(정확히 말하면 이에성원)의 존재양식과 그 궤를 같이하는 것이다. 여기서 주목할 것은, 이 방향이 메이지, 다이쇼, 쇼와, 戰時, 戰後를 통해 일관되게 경영자(및 위정자)들에 의해 의식적으로 강조되고, 또한 그것이 항상 성과를 거두어 성공해 왔다는 사실이다.

예를 들면 메이지 42년(1910년) 고토(後藤新平) 총재가 제창한 '國鐵一家'나 전쟁중의 산업보국회 정신("공장은 생산을 가지고 황국 근로의 본뜻을 실천하는 도장이다. 이것을 지키는 것은 근로자의 단결이다. 상하가 서로 잘 부조하고 좌우가 협동하여 一家의 친화를 가지고 고락을 함께하고 운운"(1945년 2월 軍需厚生省 편, 『근로규범초안』), 나아가서 오늘날에도 종종 문제시되는 '愛社정신'이나 '신가족주의' 등이다.

근대적 또는 선진적이라고 불리는 경영에서는 '애사정신'을 정면에서 불어넣기보다는 '애사심이 왕성한가 그렇지 못한가는 사무관리의 척도다'라는 식으로 경영방침의 결과로서 그것을 기대하고 있는 것같이 보인다. 그러나 '회사를 사랑하라'는 것과 '애사정신 꺼져 버려라'는 것 등의 표현은 정반대로 보이나 이것은 상이한 표현을 사용한 것뿐이며, 그 의도하는 바는 결국 종업원의 전면적(전인격적)이고 정서적인 참여에 있다는 것은 의심할 여지가 없다.

나아가 전후 비약적인 발전을 달성한 노동조합까지도 직원이나 공장노동자 등, 자격과 직종이 다른 모든 구성원을 총망라하여 기업단위(어떻게 보면 사장이 없는 산업보국회라고 부를 수 있는)로 성립되는 점도 주목해야 한다.

이러한 기업체에서 일하는 사람은 싫든 좋든 간에 그 집단에 계속 있을 수밖에 없고(戰前에는 일방적으로 해고되는 경우도 있었지만), 다른 회사로 옮기고 싶어도 길이 없다(가령 연공서열 임금제가 없다고 해도). 즉 직종별 조합이라는 같은 직종의 '횡적인' 연관이 전혀 없기 때문에 정보는 들어오지 않고 또 원조도 받을 수 없다(마치 시집온 일본 며느리 입장과 비슷하다).

일체감과 고립감을 촉진하는 家風, 社風

농촌의 폐쇄성은 종종 이야기되어 왔는데, 필자의 관점에서 도시의 기업체를 사회집단으로 본다면 기본적인 인간관계의 존재양식, 집단의 질이 농촌의 그것과 매우 닮았다는 것을 지적할 수 있다. 농촌 자체에 대해서도 다른 나라 농촌의 존재양식과 비교해 보면, 일본 농촌은 부락이 집단으로서 개개의 성원을 속박하는 정도가 대단히 강하다는 것을 지적할 수 있다.

개개인의 정서적이고 전면적인 참가가 그 기반으로서 강조되고 또 강요되는 집단의 일체감은 그것 자체가 하나의 폐쇄된 세계를 형성하여 그 결과 강한 고립성을 초래한다. 여기에서 필연적으로 가풍이라든가 사풍이 배양된다. 그리고 이것은 또 집단결속, 일체감을 북돋우는 깃발로서 강조되어 더욱 집단화가 촉진된다.

일체감에 의해서 양성되는 테두리의 강고함, 집단의 고립성은 테두리 밖에 있는 동일자격자들과 거리감을 조장하는 동시에, 한편으로는 테두리 안에 있는 자격이 다른 사람들 사이의 거리는 줄여서, 자격에 의한 동류집단의 기능을 마비시키는 역할을 한다. 즉 이러한 사회조직에서는 사회가 안정적이면 안정적일수록 동류의식은 희박해지고, 한편으로 '집단 내 인간', '집단 외 인간'의 차별의식이 정면으로 표출된다.

5. '우리 사람(內者)'과 '바깥 사람(外者)' 의식

'우리 사람 이외는 인간이 아니다'라는 의식

'우리', '바깥'이라는 의식이 강하고 이 감각이 첨예화되면, 한 사회 내에서 마치 '우리' 사람 이외는 인간이 아니라고 생각될 정도의 극단적인 인간관계의 대조가 보이게 된다. 모르는 사람일 경우 밀치면서까지 자리를 차지했던 바로 그 사람이 친한 사람(특히 직장의 상관)에 대해서는 자기가 아무리 피곤해도 자리를 양보하는 교활한 모습을 보인다.

실제로 일본인은 동료들과 함께 그룹으로 있을 때 다른 사람에 대해서 정말로 냉정한 태도를 취한다. 상대방이 자기들보다 열세에 있다고 생각되는 경우에는, 특히 그것이 우월감 비슷한 것이 되어 '바깥 사람'에 대한 무례가 공공연히 표현되는 경우가 대부분이다. 이 태도가 관습적이 되어 극단적으로 나타나는 예로는, 離島라고 불리는 섬사람들과 산간 벽지에 사는 사람들에게 때때로 표시되는 차가운 냉대의 태도이다. 자신들의 세계 이외의 사람들에 대해서는 적의에 가까운 냉정함까지 갖는 것이다.

알다시피 인도에는 수많은 서로 다른 카스트집단이 존재하는데, 이 카스트 계급제도의 최하층에 속하는 사람들에 대해서조차도 일본인의 경우와 같은 감정적인 차별을 노골적으로 표시하는 태도는 보이지 않는다. 그것은 자연스러운 것으로 일본인이 결코 흉내낼 수 없는 '무관심'한 태도이다.

물론 어느 사회에나 '우리들'이라는 특별한 친애관계, 동류의식을 나타내는 사회학적 개념이 있다. 그러나 그것은 '우리들'의 내용을 설명할 필요성이 있을 때에 사용되는 것이지 타인으로부터 자기들을 고의적으로 구별하거나 배타성을 과시하기 위해서 사용하는 것은 아니다. 오히려 배타성을 극구 피하려는 매너까지 발달한 사회도 적지 않다.

예를 들면, 미국 체재중 내가 언제나 인상 깊게 느낀 것은 대학에서 중국인 학자 3~4명이 모여 중국어로 이야기하는데 필자가 그 곁을 지나가면, 특별히 그들에게 용건이 있는 것도 아닌데 그들은 곧바로 영어로 고쳐 말하는 것이 보통이었다. 적어도 행동면에서는 타인과 벽을 만들지 않으려는 매너인 것이다. 무의식적으로 또는 고의적으로 벽을 표현해 버리는 일본인과는 대조적이다.

다른 여러 사회에서 '우리들'이라는 개념은 그 외의 사람들(바깥 사람), 즉 남과 구별하는 의미로 사용되기도 하지만, 그와 동시에 사회에는 '우리들'에 대응하는 같은 종류의 집단이 여러 개 존재하고 있으며 그중 하나에 자기가 속하는 특정한 '우리들'이라는 인식도 있다. 그리고 '우리들'은 이들 다른 집단과 원활한 관계를 가짐으로써 사회생활이 육성되어 간다는 공통의 인식을 갖고 있다. 따라서 일본인의 '우리'개념과 같이 고립성이 강하지 않으며 또 현실 행동에 있어서 극단적인 배타성도 보이지 않는다.

일본인이 인식하는 '우리'라는 개념은 '바깥 사람' 없이 '우리 사람'만으로 무엇이든지 해 내며 살 수 있다는 지극히 자기중심적이며 자기완결적인 시점에 서 있다(이것은 실제로 필자가 후술할 원세트주의라고 부르는 일본의 집단구성의 존재양식과도 연결된다—제3장 4절 참고).

더욱이 여기에서 중요한 것은 A와 B가 각각 명확하게 일정한 자격을 필요로 하는 집단(인도의 카스트와 같이)이라면, 그룹의 성질이나 내용이 완전히 다르기 때문에 일부러 고의적으로 행동을 통해 구별할 필요도 없다. 그러나 일본 사회는 전체적으로 대단히 단일성이 강한 데다 집단이 場에 의해서 형성되어 있기 때문에 테두리를 언제나 확실히 해 두지 않으면, 즉 집단구성원이 스스로에게 늘 다른 사람들과는 다르다는 것을 강조하지 않으면 다른 집단과의 구별이 없어지기 쉽다. 그 때문에 일본의 그룹은 자기도 모르는 사이에 점점 '우리 사람', '바깥 사람'이라는 의식을 강하게 갖는 집단구성의 질적 존재양식이 문제가 된다.

이 지향성이 너무나도 강조되기 때문에 일본인에게는 '우리'가 전세계가 되어 버리는 데 반해, 인도인의 경우는 자기들의 집단은 전체 중에 하나라는 여유 있는 인식을 가질 수 있다.

'바깥 사람' 의식이 만들어 내는 비사교성

이 사회적인 인식의 차이는 일본인 상호간의 접촉과 인도인 상호간의 접촉방식을 고찰해 보아도 확실히 나타난다. 예를 들면 외국에서 살아 본 경험이 있는 사람이라면 누구나 생각해 낼 수 있을 것이다. 일본인들끼리 우연히 외국에서 함께 살게 될 때 일어나는 차갑다 못해 '적의'에 넘쳐 노려보는 것 같은 시선은 정말 서로 참기 어렵다.

이것을 필자 나름대로 분석해 보면, 알지 못하는 사람은 전부 '바깥 사람'으로, '바깥 사람'과 지적으로도 정서적으로도 교류해 본 적이 없는 불안정함이 자기를 초초하게 만들고, 그것이 다른 나라에서 생활하는 고독함 속에서 갑자기 언어가 통하는 동류를 발견했다는 놀라움과 혼재되어 그러한 자기의 약함을 감추기 위하여 만들어 낸 허세가 아닐까 생각한다.

이러한 일본인의 행동은 일본 사회의 존재양식과 밀접한 관계가 있다고 생각한다.

위의 예를 통해서 부각되는 일본인의 모습은 알기 쉽게 말하면 '사교성의 결여'라고 말할 수 있다. 이럴 때 완전히 같은 조건에 처해진 인도인이나 중국인이 어떻게 행동하는가를 잘 관찰해서 비교해 보는 것이 좋다. 얼마나 자연스럽고 부드럽게 처리하는가.

인도인과 중국인에게는 실제로 모르는 사람들 중에 항상 '보이지 않는 네트워크'에 의해 연결되어 있는 사람들이 있다는 대전제가 있다. 그것은 동일한 혈연관계의 사람들이든지, 동업자이든지, 또는 무엇인가 동일자격에 의해 연결되는 사람들이다. 모르는 사람이라고 해서 일본인처럼 '바깥 사람'은 아닌 것이다.

테두리 사회에는 사교성을 키울 장이 없다

일본인의 경우에도 알지는 못해도 동일집단, 동류집단에 속해 있을 수도 있는데, 그러나 가령 그러한 관계가 설정되어도 그것을 모르는 경우에는 그 관계로부터는 특별한 것을 기대할 수 없다. 인도인이나 중국인의 경우와 같이 네트워크가 형성되었다 하더라도 그것이 충분히 작용할 수 없기 때문이다.

일본인의 인간관계는 네트워크의 부분으로서 파악되지 않고 '저 사람에게는 호감을 가질 수 있어'라든가 '기분 나쁜 녀석이다'라는 식으로, 먼저 직접적인 감정으로 환원되고 모든 것은 그 후에 진행되는 것이다.

사교성의 결여는 이러한 사회 전체의 구조, 기본적인 인간관계의 존재양식으로 연결되는데, 특히 강조하고 싶은 것은 테두리에 의해 집단이 구성되는 사회에서는 사교성을 키울 장이 없다는 점이다.

즉 사교성이란 여러 다른 개개인들과 접했을 때 자연스럽게 행동한다는 것인데, 일체감을 목표로 하는 집단 내부에서 개인은 똑

같은 주형(鑄型)에 꿰어 맞춰져 좋든 싫든 간에 서로 접촉하지 않을 수 없으므로, 개인은 집단의 목적이나 의도에 보다 잘 부합하면 할수록 사회적 안정성을 얻을 수 있으며 동료들에 관해서도 너무나 잘 알고 있어서 사교라는 기능의 존재가치가 별로 없다.

이렇게 해서 '다른 식의 시합'의 즐거움이라든가 어려움도 모르고 일생을 끝내게 되는 많은 인간들이 생산된다. 개성이라든가 개인은 매몰되지는 않는다고 하더라도 적어도 발전할 가능성은 대단히 낮아진다.

모든 분야에 촌티를 내는 경향

이렇게 해서 만들어지고 사회적인 의미에서 교육되는 인간관계의 특색은 지역성이 강하고 직접 접촉하는 식이다.

지역성이 강하다는 것은 그 집단마다 특수성이 강하다는 것과 일정한 집단구성원의 생활권이 좁고 그 집단 내에 한정되는 경향이 강하다는 것이다('지역성'이라는 말보다 영어의 local이 더 적절하다. 이 단어는 지리적인 의미에 한정되지 않고 사회적인 의미로 사용된다. 감각적으로는 '촌티를 낸다'는 표현이 잘 어울린다. 즉 자기들 세계 이외의 것을 잘 모르고 또는 다른 세계가 존재한다는 것조차 잘 모르며 그런 것에 익숙해 있지도 않다는 것이다).

이 지역성은 모든 분야에서 공통적으로 보인다. 파벌집단을 형성하는 정치가는 자기들끼리만 뭉치고 다른 파벌 내의 사정을 잘 모르기 때문에 정치부 기자가 다른 파벌의 정보제공자가 되기도 한다. 학자나 지식인은 늘 그룹을 구성하여 자기들만의 독특한 발상법이나 용어를 사용해 제3자나 다른 그룹과 동일한 분야를 전공했지만 의사소통이 잘 되지 않으며 토론이 불가능해지기도 한다. 같은 일본인이면서도 잘 모르고 있으니 국제성이 없는 것은 말할 필요도 없다.

6. 직접 접촉적인 인간관계

인간관계의 강약은 접촉시간의 길이와 강렬함에 좌우된다

지역성은 직접 접촉적(tangible)이라는 말과 필연적으로 연결되어 있다.

앞에서 말한 바와 같이 집단구성원의 이질성에서 오는 불안정성을 극복하기 위해 집단의식을 늘 고양시키지 않으면 안 된다. 그리고 그것은 대부분 정서적으로 호소하기 때문에 사람과 사람과의 직접 접촉을 필요로 하며 또 그 친밀성을 지속하기 위해서는 접촉을 늘 유지하지 않으면 안 된다.

사실, 일본 사회에서 인간관계의 기능의 강약은 실제적인 접촉이 얼마나 길고 강렬한가에 비례한다. 그리고 이 점이야말로 집단에서 개인의 위치를 결정하는 중요한 요인이 된다. 일본의 모든 사회집단에서 '신참자'가 그 집단의 서열상 최하층에 위치하게 되는 것은 그 접촉기간이 가장 짧기 때문이다. 연공서열제(年功序列制)의 온상도 여기에 있다.

연공서열제는 근무 연수에 따라 지위나 임금체계가 설정되어 있는 제도인데, 이렇게 제도화되지는 않았다고 할지라도 일본의 모든 분야에서 사회집단의 경우 입회 기간이 그 집단 내에서의 개인의 위치, 발언권, 권력행사에 크게 영향을 미치는 것이 보통이다. 다시 말하면, 한 개인과 집단성원과의 실제적인 접촉이 얼마나 길었는가 하는 것 자체가 개인의 사회적 자본이 되는 것이다. 그러나 그 자본은 다른 집단으로는 전용(轉用)되지 못하기 때문에 집단을 A에서 B로 바꾼다는 것은 개인에게 대단한 손실이다.

일본인이 전직(轉職)을 통한 이동이 적다는 사실은 종종 '집단주의'라든가 회사에 대한 '충성심' 등으로 설명되기도 한다. 그러나 이것은 오히려 이 책에서 명확히 제시하는 대로 일본인 개개인을 둘러싼 사회적 조건에 대해 개개인이 선택한 결과 생겨나는 현상으로 보는 것이 타당할 것이다. 이것을 일본인이 다른 나라 사람들보다 선천적으로 그러한 성향을 현저하게 가진 특수민족이라고 생각하는 것은 옳지 않다. 즉 개인이 한 회사에 머물러 있는 것은 회사에 대한 충성심 때문이라기보다 여기에서 말하는 사회적 손실이 전직하는 경우 개인에게 얼마나 큰 것인가를 잘 알기 때문이다.

최근에 증가하는 전직은 대부분이 입사한 지 얼마 안 되는, 예를 들면 2~3년 내의 젊은 층에 집중되어 있다. 이들의 경우 아직 사회적 자본축적이 거의 없어서 전직에 따른 손실이 별로 없기 때문이다. 또 전직이 중소기업의 종업원들에게서 자주 보이는 것은 경제적, 사회적 안정도가 대기업보다 낮아 상대적으로 개인에게 사회적 자본축적의 가치가 낮기 때문이다.

집단소속에는 특정한 시기가 문제된다

어쨌든 어떠한 경우라도 취직해서 5년, 10년 근속하게 되면 그 개인이 집단 내에서 갖는 사회적 자본의 축적은 자타(自他)가 명백히 인정하게 되고, 집단소속의식도 높아짐에 따라 전직에 대해서 그 개인이나 주위 사람들도 커다란 저항을 갖게 된다. 가령 어느 개인이 A회사에서 B회사로 옮겨 지위와 월급이 훨씬 좋아진 경우에도 그 좋은 조건을 능가할 정도의 사회적 손실을 각오하지 않으면 안 된다. 예를 들어 B회사의 새로운 직장에서 부하와 관계가 불편하다든지 동료들에게 따돌림을 받아 일하기가 어렵게 된다든지 등 일본인으로서는 참기 어려운 불쾌감을 겪지 않으면 안 된다.

그것은 그를 둘러싼 B회사측 동료의 대부분이 이미 오랫동안 거기에 있으면서 사회적 자본을 축적해 놓은 것에 비해, 그는 처음부터 출발하지 않으면 안 되는 핸디캡을 짊어지기 때문이다. 사회적 자본이 제로라기보다 오히려 마이너스의 입장에 서 있다.

그것은 집단소속이 단순히 직접 접촉의 길고 짧음에 의해 형성되는 것이 아니라 사회인으로서 개인의 삶 속에 대단히 이른 시기에 형성되고 정착되는 것이기 때문이다. 즉 처음 취직해서 약 5년 사이의 직접 접촉을 통해 형성되는 인간관계가 집단소속에 결정적인 의미를 갖는다고 할 수 있다.

장에 의한 집단귀속은 그 장에 들어갔다고 해서 금방 가능해지는 것은 아니다. 거기에 속한 사람들과 안정된 네트워크를 맺음으로써 개인의 위치가 정착되기까지는 아무래도 상당한 시간이 필요하고 이렇게 생긴 인간관계는 일단 성립되면 안정도가 강하다.

따라서 이 시기를 공유하지 않았던 사람들 사이에서 같은 정도의 안정된 인간관계를 맺는다는 것은 개인에게는 대단히 어려운 일이다. 가령 A회사에서 10년, B회사에서 20년 근무했다고 해도 그 마이너스를 커버할 수 없는 것이 보통이다.

이와 같이 일본 사회에서 개인의 집단귀속은 무조건 그 기간의 절대 연수에 비례하는 것이 아니라, 개인의 취직경력의 특정한 시기가 의미를 갖는다는 점에서 조건이 한정된다.

따라서 이렇게 강한 사회학적 지향 속에서 전직을 용이하게 하는 조건은 대단히 제한적이다.

회사(직장)는 달라도 옛날부터 자기를 직접, 간접적으로 잘 알고 있는 상관이 우연히 있었다든가(동일회사 내지는 같은 계통의 회사, 커다란 관청조직 안에서 직장이동이 별 저항 없이 이루어지는 것은 이 때문이다), 어떤 일에 대한 기술이나 능력이 뛰어나고 그 분야에서 누구에게도 인정받고 있는 경우(이것은 말할 필요도 없이 뛰어난 고급기술자라든가 회사의 상층인사에서 나타난다), 또는 회사라는 조직을 떠나서 그 전문 분야의 강한 네트워크(이것도 종적인 경우가 보통)에 의해 뒷받침되고 있다든가 B회사가 새로운 회사로서 모든 동료가 이 회사조직 내에서 사회적 자본을 거의 갖고 있지 않는 경우 등이다.

'떠난 사람과는 날이 갈수록 소원해진다'는 상징적인 말

직접 접촉의 기능은 그 기간의 장단 및 시기와 함께 그 현실적인 지속성이 또한 문제가 된다. 집단구성원이라는 거창한 용어를 사용할 것까지도 없이 친구, 잘 아는 사람, 친척들 사이에서도 일정한 기간 동안 왕래가 없었다든지 편지나 전화연락이 없으면 소원해지는 경우가 대부분이다. 어느 정도 친한 사람들에게 '오랜만이다'라는 것은 상대방의 기대를 배신한 대단한 실례로 생각되고 있다. 그리고 실제로 오랫동안 접촉을 하지 않고 갑자기 만나면 뭔가 서먹서먹한 분위기가 되어 옛날의 친교관계를 회복하는 것이 상당히 어렵게 되기도 한다.

이러한 일본적인 인간관계와 비교해서 중국인, 영국인, 인도인 등의 경우는 상당히 다르다. 5년이나 10년간 연락이 없으면서도 어제 헤어진 사람과 같이 재회의 감격을 가질 수 있다(이것은 필자의 한정된 경험이지만 많은 경험자의 찬성을 얻을 수 있을 것이다). 그들에게 일단 설정된 친교는 그 후의 실제적인 접촉 유무와 관계없이 존속될 수 있는 것이다.

일본인의 경우 같은 집단에 속해 있을 때조차도 물리적으로 멀리 떨어진 장소에 서 있다는 것은 마이너스를 초래하는 경우가 많다. 지금까지 도쿄의 사무실에서 근무하던 사람이 도쿄를 떠난다는 것은 지리적으로 도쿄를 떠난다는 것뿐만 아니라 동료들로부터 사회적으로 멀어진다는 비애감을 갖게 하는 일이기도 하다. '떠난 사람과는 날이 갈수록 소원해진다'는 말은 일본적인 인간관계를 가장 적절하게 표현하는 말로서, '물로 채운 잔을 받은 사람'(일본어로 미즈사카즈키(水盃)라고 하는데, 그 뜻은 재회를 기약할 수 없는 이별의 경우에 酒盃 대신 水盃를 드는 습관을 의미함—역자주)과 같은 비장감은 여기에서 생겨난다. 사회 생활을 하는 개인에게 의지가 되는 사람은 같은 일을 하는 동료들이고 매일 실제적으로 접촉하는 사람들이다.

모든 직업을 통해서 외국에 있는 일본인들이 의지할 곳 없는 외로움과 초조함을 느끼는 것은 다른 나라 사람은 생각할 수 없을 정도로 심각하다. '잊혀져 버리는 것은 아닐까', '저 사람이 혹시 나보다 잘해서 벌써 승진해 버린 것은 아닐까' 등등, 마치 이국에 유배되어 온 사람 같은 절망감을 느낀다. 그리고 동료들로부터 멀어지지 않도록 열심히 편지를 써 보낸다.

그러나 일본에 있는 사람들에게 그는 '날로 소원해지기' 때문에 점점 답장을 쓰지 않게 되고 마침내는 사무적인 일 외에는 연락을 하지 않게 된다. 따라서 오직 귀국 명령만을 학수고대한다. 이렇게 해서 기다리던 귀국이 이루어지면 직장에 복귀하지만 일정한 기간 동안은 안정된 자기 위치를 만들 수 없다. 열대지방에서 근무했을 경우, 이 같은 현상은 '남방 건망증'이라는 이름 아래 웃음거리가 되기도 한다. 분명히 사회적인 마이너스이다.

일단 떠나가면 끝이다

이 같은 일본인의 집단참가 양식에 반해 자격에 따라 집단이 구성된 경우에는 개인적인 생활의 장이나 직장과 관계없이 공간적, 시간적인 거리를 초월해서 집단은 네트워크에 의해 유지될 수 있는 가능성을 가진다.

외국에 머물러 있는 인도인이나 중국인, 유럽인들이 현지에서 여유있게 일하고 안정된 생활을 하는 것은 바로 이 네트워크에 근거한 것이다.

일본인의 경우, 이 네트워크는 너무 약하고 의지가 될 수 없다. 이 사실은 모든 분야에서 일단 자기집단을 떠나 다시 되돌아온 사람들이 절감하는 비극에서 여지없이 나타난다. 농촌의 경우도 예외는 아니다.

일본에서 일단 자기 마을을 떠나 다른 지방에 오래 살았던 사람이 다시 그 마을 사람이 된다는 것에는 대단한 사회적 저항이 있다. 자기 아버지가 아직 생존해 있을 경우는 그래도 좀 낫지만 형제나 조카의 세대가 되면 고향집은 외롭게 되고 만다.

이것은 하와이나 브라질에 이민했던 일본인이 다시 귀향할 경우 일어나는 비극에서도 잘 나타난다. 현지에서 고생스러운 개척시대를 거치면서도 한시도 잊어 본 적이 없는 고향에 그리움을 하나 가득 안고 모처럼 귀국해도 그들을 기다리는 것은 타인을 대할 때와 같은 마을사람들의 차가운 태도뿐이다.

'그분은 벌써 돌아가시고 당신을 잘 알고 있는 사람이 누구일까. 어찌 됐든 시대가 변했기 때문이에요'라는 식으로.

옛날부터 일단 마을을 오래 떠났던 사람이 다시 돌아와 살려고 하는 것은 결코 환영받을 일이 아니었다. 적어도 전과 같이 마을 사람들과 친밀한 관계를 회복하는 것은 불가능에 가까운 일이다.

이에 반해 인도의 농촌은 사정이 매우 다르다. 할아버지 때에 아프리카에 이민갔던 사람이 다시 귀향한 경우조차도 그들은 그날부터 실질적인 시민권을 당당히 획득할 수 있다. 부계에 연결되는 종형제나 숙부들은 가령 그의 얼굴을 처음 본다고 해도 그 혈연관계가 입증되면 즉시 일족의 성원으로 받아들여 환영함으로써 그들은 할아버지 때의 마을생활로 지장없이 복귀할 수 있다.

외국 주재 일본인 커뮤니티의 특이성

일본 사회에서는 개인생활이 집단으로부터 지리적으로 떨어져 매일 얼굴을 마주볼 수 없게 되면, 지금 서술한 대로 집단으로부터 소외되는 경우가 되기 쉽다. 반대로 지리적으로 근접하고 얼굴을 마주할 기회가 많은 경우에는 싫든 좋든 집단에 소속되기 쉽고 일단 그렇게 되면 집단구성원으로서 개인은 다른 나라 사회에서는 찾아보기 힘들 정도로 속박된다.

그 가장 좋은 예는 외국에 있는 '일본인 커뮤니티'이다. 언어, 풍속, 습관이 다른 나라에서 같은 나라 사람들이 커뮤니티를 만들어 서로 돕고 연락하면서 사는 것은 모든 나라 사람들에게서 보이는 자연적인 현상인데, 일본인 커뮤니티의 경우 그 구성원 대부분이 근대적인 일에 종사하고 있는 대표적인 일본의 지식인임에도 불구하고 과거 일본 농촌에서 보이던 특수성이 유감없이 발휘된다.

배경이 되는 현지 사회가 너무나도 다르기 때문에 이러한 일본인 커뮤니티는 마치 실험실에서 일본인 집단을 시험관에 집어넣어 관찰하는 것같이 일본적인 특색이 명료하게 드러난다.

그 특색이란 소속기관이 일본 사회에서 차지하는 위치와 체재시간의 길고 짧음에 의해 구성원간에 일정한 지위가 부여되고 여러가지 일들이 그때그때의 이야기로 결정되며, 그 집단의 상식을 넘어서는 행동을 개인이 취했을 경우 강한 도덕적인 비판이 그룹에서 쏟아진다는 것(특히 이러한 경우 비판의 말은 '일본의 수치'라는 표현이다)이다. 그리고 개인생활에 대해서 서로가 이상할 정도로 강한 흥미를 갖고 있으며 좋아도 싫어도 모두가 늘 붙어서 접촉하고 있다는 점이다.

이러한 사실에서도 일본인의 일상생활에서 장, 직장이 사실상 집단구성에 얼마나 강한 요인이 되는가를 잘 알 수 있다.

7. 단일 사회

의지할 수 있는 집단은 오직 하나

더욱 주목해야만 하는 것은 이러한 일본인 커뮤니티가 현지 사회(그것이 아시아이거나 서구 사회이거나 간에)로부터 대단히 동떨어져 있다는 것이다.

이것은 결코 일본인이 외국어를 잘 못한다는 단순한 이유 때문이 아니라, 일본인의 사회집단이 존재하는 양식이 다른 사회의 그것과 구조적으로 이질적이기 때문이라고 생각한다.

이 이질성의 큰 원인이 되는 것은 일본인의 사회집단이 개인에게 전면적인 참가를 요구한다는 점이다. 사실 일본인 커뮤니티의 구성원으로서 백 퍼센트 인정받고 동시에 현지의 외국인들과 밀접한 사회관계(친구관계)를 계속해서 유지한다는 것은 일본인으로서는 대단히 어려운 일이다. 대개의 경우 현지 사람들과 친하게 교제하는 일본인은 일본인 커뮤니티로부터 배척당하든지 탈락하든지 한다.

이러한 현상은 외국에 있다는 특수한 조건을 예로 들지 않더라도 일본 사회에서도 두 개 이상의 집단에 동일한 비중을 가지고 소속한다는 것은 대단히 곤란하다. 물론 개인이 두 개 이상의 집단에 속해 있는 것이 보통이지만 중요한 것은 그중 어느 하나에 우선적으로 소속하고 있다는 것이 명확히 정해져 있어서 남은 것은 이차적인 소속에 불과하다는 것을 자타가 명백히 알고 있다는 점이다.

이 이차적인 소속은 일차적인 소속과는 질적으로 다르다. 예를 들어 일차적인 소속집단이 깨질 경우, 그것은 개인에게 치명적인 것으로 그 경우 이차적인 소속을 가지고 있더라도 거의 쓸모가 없는 것이 보통이다. 따라서 구조적으로 집단소속은 오직 하나가 된다.

결벽성보다도 장에 의한 집단구성에서 유래

이와 대조되는 것으로 중국인의 경우를 들 수 있다. 그들은 때로는 상반되는 것같이 보이는 두 개 이상의 집단에 소속해 있고 그중 어느것이 보다 중요한가는 결정할 수 없다. 실제로 우선하는 쪽이 경우에 따라 다르고 전체적으로는 양쪽 다 중요한 기능을 갖는다.

그러나 각각 기능이 다르기 때문에 중국인의 머리 속에는 동시에 두 개 이상의 집단에 소속해 있는 것이 조금도 모순되지 않으며 오히려 당연하다고 생각되는 것이다.

일본인에게는 '저 사람은 저쪽 편에도 통하려고 한다'는 식으로 그것은 도덕적인 비난의 대상이 된다. 이런 것을 일본인이 결벽하기 때문이라며 우쭐하기도 하지만 이런 반응 자체가 또한 대단히 일본적인 것이라 할 수 있다.

이러한 일본적인 일방소속은 세계에서 대단히 진기한 것이다. 영국인도 이탈리아인도 모두 중국인과 같이 복선적인 소속이다. 그들의 입장에서 보면, 한 선(線)이라는 단일관계밖에 가질 수 없다는 것은 보신술로서는 최하의 것이다.

보신술로서의 작전은 그만두고라도 일본인의 단일주의는 일본인의 결벽성이라는 것을 들어 그 상관관계를 논하려는 단순한 시각보다 장에 의한 집단구성이라는 시각에서 고찰하는 쪽이 훨씬 흥미있다고 생각된다.

복수(複數)의 장에 소속하는 것은 불가능

왜냐하면 장에 개인이 소속하게 되면, 현실적으로 개인은 하나의 집단 외에는 소속할 수 없다. 그 장을 떠나면 동시에 그 집단 밖으로 나가 버리게 되어 개인은 동시에 두 개 이상의 장에 자기를 두는 것이 불가능하다.

이에 반해 자격에 의하면, 개인은 몇 개의 자격을 갖고 있기 때문에 각각의 자격에 의해 여러 가지 집단에 교착하면서 소속되는 것이 가능하다.

여기에서 기능을 발휘하는 것은 네트워크이며, 이것은 장의 경우에 보이는 테두리에 대응한다.

필자가 본론의 부제로 '단일 사회'라는 용어를 사용한 것은 일본인의 단일한 관계설정을 상징적으로 표현하기 위해서다. 개인의 집단귀속이 일방적일 뿐만 아니라 나아가 개인과 개인을 연결하는 관계가 일방적으로 설정된다는 것, 또한 사회 전체에서 여러 집단의 존재양식도 단일성이 강하며 그 상호관계도 일방적으로 설정된다는 것을 의미하는데 이 점에 대해서는 다음 장에서 자세히 논하기로 한다.

제3장 '종적' 조직에 의한 서열의 발달

1. 구조 분석의 열쇠 : '종적', '횡적' 관계

'종적' 조직의 상징 '오야붕과 꼬붕'

장의 공통성으로 구성된 집단은 앞에서 말한 바와 같이 테두리 안에서 폐쇄된 세계를 형성하고 구성원의 정서적인 전면적 참가에 의해 일체감이 조성되어 집단으로서 강한 기능성을 가지게 된다. 이것이 소집단이면 특별히 개개의 구성원을 연결할 특별한 조직은 필요없지만 집단이 큰 경우나 또는 커진 경우에는 개개의 구성원을 강력하게 묶을 수 있는 일정한 조직이 필요하며 또 역학적으로도 필연적으로 조직이 생겨나게 된다.

이 조직이 재미있는 것은 일본의 모든 사회집단에 그 구조가 공통적으로 나타난다는 것이다. 필자는 이것을 편의상 '종적' 조직이라고 부르기로 한다.

이론적으로 인간관계를 그 연결방식에 의해서 나누면 '종적'과 '횡적'인 관계로 분류할 수 있다. 예를 들면 전자는 '부모자식'관계이고 후자는 '형제자매'관계이다. 또 상관 부하의 관계에 대한 동료관계도 같은 것이다.

사회조직에서는 양자가 다 중요한 관계설정의 요인이지만 사회에 따라서 그중 어느편이 더 큰 기능을 발휘하는 경우와 또 양자가 동일한 기능을 가지는 경우가 있다.

앞 장에서 논한 자격이 다른 것을 포함하는 사회집단이라는 것을 전제로 하면, 그 구성원을 결속시키는 방법으로서 이론적으로도 당연히 '종적' 관계가 된다. 즉 '종적' 관계는 같은 열에 놓을 수 없는 A와 B를 연결하는 방법이다. 그에 대해서 '횡적'인 관계는 동질의 것 내지는 같은 줄에 선 X, Y에 의해 설정된다. 개개인에게 공통되는 일정한 자격에 의해 집단이 구성되는 경우 그 동질성 때문에 '횡적'인 관계가 작용한다.

이 '횡적'인 관계는 이론적으로 카스트 내지 계급적인 것으로 발전하고, '종적'인 관계는 오야붕(보스)과 꼬붕(부하)관계 그리고 관료조직에 의해서 대표된다.[1]

---

1) 이 책이 출판된 이래 '종적', '횡적'이라는 개념이 자주 쓰이게 되었지만 필자가 의미하는 조직구조에서 '종적'이라는 것은 단순히 종적으로 연결되는 관계(횡적으로 연결되는 관계에 대비해서)가 아니다.
예를 들면 촌락에서 연령집단, 상하관계가 없는 계모임 같은 집단, 회사에 있어서 동기생들의 연결 등이 있기 때문에 종적이 아닌 횡적인 것도 있다든가, 또 최근에는 부모자식(종적)의 연결보다도 부부(횡적)의 관계가 강해졌기 때문에 종적인 것이 꼭 우세하다고는 말할 수 없다는 견해도 있지만, 그것은 전장의 2절에서 서술한 집단의 특성을 이해하지 못한 데서 오는 것이다. 이 '횡적' 관계는 모두 장에 의해서 집단 내부에 한정된 횡적인 것으로, 필자가 의미하는 조직구조로서의 횡적 기능을 가질 수 없는 것이다.
이 책의 제목에 '종적 사회'라는 용어를 붙였기 때문에 필자의 이론

동등한 신분, 자격자에게도 꼭 갖게 되는 서열의식

그런데 일본 사회집단의 구성양식에서 이론적으로 예측되는 이러한 '종적' 관계가, 실제적으로 강조되고 작용하며 그것이 현실적으로 집단구성원을 결합시키는 구조원리가 된다면, 가령 동일집단 내에서 동일한 자격을 가진 사람이라도 '종적' 운동에 영향을 받아 어떤 식의 방법으로든 '차(差)'가 설정되고 또 강조됨에 따라 놀라울 정도로 정밀한 서열이 형성된다.

같은 실력과 자격을 가진 선반공이라고 할지라도 연령이나 입사연수, 근속기간의 길고 짧음 등에 의해서 격차가 생기고, 같은 대학의 교수일지라도 발령 연월일에 따라 서열이 생긴다. 또 과거 군대에서는 같은 장교라 할지라도 계급 차이에 의한 차별이 놀라울 정도로 크며, 나아가 같은 소위라 할지라도 임관 순서에 따라 명확한 서열이 있었다고 한다. 그리고 같은 외교관이라 할지라도, 예를

전반부를 구성하는 장에 의한 집단의 고립성이라는 점이 크게 드러나지 못한 감이 없지 않은데 종적 조직의 온상은 사실은 장에 의한 집단의 고립성에 있다는 점을 상기해야 한다.

횡적인 것이 기능한다는 것은 다른 여러 집단을 횡단적으로 자르는 동류집단으로서의 네트워크를 가질 수 있다는 것이다. 전술한 바와 같이 집단 내의 횡적인 관계는 종적인 관계와 다르게 그 이상으로 발전하여 집단을 보다 크게 한다거나 다른 집단의 구성원을 연결하는 작용은 전혀 갖지 않는 것이다. 이 점에 반해 종적인 관계는 집단구성원을 새로 가입시키는 것이 가능하고, 또 후술하는 것같이 집단과 집단을 연결하는 중요한 작용을 한다. 이 점을 구조적인 견지에서 보면, 일본 사회에서 종적 관계는 횡적 관계와 비교도 할 수 없을 정도로 중요한 의미가 있다.

들어 일등서기관과 이등서기관의 차이는 문외한으로서는 상상도 할 수 없이 크고 더욱이 동기(외교관 시험 합격 연차)라든가 선후배의 서열이 있다.

이러한 예는 한이 없을 정도로 많은데 같은 자격 내지 신분을 가진 사람들 사이에서도 늘 서열의 차이가 인식되며, 또 실제로 그것이 존재한다는 것이 그 집단 내의 개개인에게는 직접적인 관심사이기 때문에 그것이 직종, 신분, 계급에 의한 차이 이상으로 중요성을 지닐 수 있다는 점이 중요하다. 그리고 사실 선후배의 서열은 사회집단 내에서 놀라울 정도로 기능을 발휘하고 있다.

서열의식에는 능력주의도 맥을 못 춘다

예를 들어 이것은 근대기업에서 능력주의의 인사관리를 저해하는 하나의 중요한 요인이 되고 있다. 종업원의 서열은 보통 입사연차(학력이 같다는 것을 전제로 해서)에 의해 결정된다. 이것은 경영자측이 만든다기보다도 종업원 자체의 의식에 의해 설정된다고 할 수 있다.

회사에 따라서 같은 해에 들어온 사람들이 종종 '동기생 모임'을 만든다. 이것은 회사 내에서 선후배의 서열을 확실히 하는 역할을 하고, 연공서열을 점점 더 조장하는 결과가 된다. 동기생 중 한 사람이 발탁되면 나머지 사람들은 한결같이 '저 사람이 된다면 나도 얼마든지'라는 기분이 들어 일대 혼란이 일어난다. 물론 자기보다 후배가 자기를 앞질렀다고 했을 경우에는 더 시끄러워진다.

이 놀랄 만한 서열의식에 대해 회사측은 가령 근대적인 관리법이라고 생각되는 능력주의를 내걸었다고 하더라도 용두사미격이 되지 않을 수가 없다. 일본인의 소위 '나라고 못 할 것은 또 뭐냐' 라는 의식은 세계에서 유례를 찾아볼 수 없을 정도로 강하여 자기에 대한 객관성이 완전히 결핍되었다. 따라서 회사측이 아무리 객관적인 방법을 강구해도 사원들을 납득시키기는 어려운 것이다(시험방법을 채용하는 곳도 있다고 들었는데 이것이 아마 좋은 방법일 것이다).

역사가 있는 대기업일수록 강력한 서열의식

회사에서 경영자측은 예를 들면 동기 중 몇 명인가를 너무 차이 나지 않게 승진시키지 않을 수 없다. 과장은 한 사람밖에 없기 때문에 과장대리, 보좌라든가 여러 가지 불필요한 세세한 서열을 만들어 처리하는 수밖에는 방법이 없다.

비교적 역사가 깊은 대기업일수록 사회집단으로서의 안정성과 밀도가 높기 때문에 이 서열의 힘이 한층 더 강력하다. 다시 말하면, 중소기업이나 새로운 기업일수록 연공서열 임금에서 능력급으로의 전환이 쉽다고 할 수 있다.

이렇듯 강한 서열의식은 직종을 뛰어넘는 것으로 동기생 의식은 보통 직종과 무관하게 관철되고 있다. 이것은 고용이 처음부터 직종별로 이루어진 것이 아니고 백지 상태에서 입사하여 그 직종은 회사측에서 정하므로 일반적으로 한 개인이 몇 개의 직종을 두루 거치기 때문일 것이다.

이와 같이 경영자측에도 피고용자측에도 '직종'제도가 확립되어 있지 않기 때문에 '서열'이 더 크게 기능하는 결과가 된다. 이론적으로 '횡적'(직종)과 '종적'(서열)은 반비례의 관계에 서 있다고 말할 수 있다.

2. 서열편중의 배후관계

종신고용제와 뿌리깊은 능력평등관

연공서열제는 말할 필요도 없이 종신고용제와 밀접한 관계가 있어 전쟁중 비상체제라는 특수조건하에서 한층 더 조장되었다. 나아가 전후의 조합운동(해고반대)에 의해 보다 철저한 형태로 발달한 것인데, 메이지 이래 일본의 근대화 역사 전체를 통하여 노동자의 부족이나 과잉에 관계없이 연공서열제, 종신고용제로의 지향성이 보인다.

최근 수년간 미국식 능력주의로 바꾸자는 주장 아래 여러 가지 제안이나 시도가 이루어지고 있는데 현실적으로는 많은 어려움을 안고 있다.

어떤 사회에나 이 연공서열제와 능력제라는 두 개의 방법은 많든 적든 존재하고 조직적으로 도입되는 실정이지만, 일본의 경우는 전자에 압도적인 비중이 놓이고 균형이 언제나 전자에 주어지는 현상이 나타난다.

조직으로서 연공서열제의 장점은 일단 고용관계가 설정되면 그 후 어떠한 변경이나 시정 조치를 취할 필요가 없다는 점이다. 물론 이 방법을 시행하는 전제로서는 개인의 능력차를 최소한으로 생각하는 것으로, 그것은 겨우 학력차라는 커다란 테두리 안에서 고려될 뿐이다.

능력주의를 취하는 경우에는 개개인의 능력차를 극명하게 판정할 필요가 생기기 때문에 그것에 대응하는 메커니즘이 당연히 필요하지만, 일본 사회에서는 그러한 판정법이 고용제도로서 존재하지 않았을 뿐만 아니라 일반 사람들의 생활 속에서도 능력차를 중시하는 경향은 다른 여러 나라와 비교해서 대단히 저조하다.

전통적으로 일본인은 '부지런한 사람'이라든가 '게으른 사람'이라는 식으로 개인의 능력차에 크게 주목하는데, 거기에는 '누구든지 하면 된다'는 능력평등관이 대단히 뿌리깊게 존재한다.

능력과는 무관한 생년월일, 입사 연차, 학력

사회는 어떠한 방법으로든지 사람들을 조직하지 않으면 안 되기 때문에, 이러한 평등주의 사회가 발달시킨 조직은 일정한 방식에 의한 서열이다. 그 서열은 능력평등을 전제로 하기 때문에 그 서열은 오히려 개개인의 능력 자체와 직접 관계가 없는 것을 기준으로 삼게 된다.

즉 그것은 생년월일, 입사년차, 학력이다. 실제로 일본 사회에서 학력이 중요시된다든지, 또 그에 대한 반발이 이상할 정도로 강한 것은 이 뿌리깊은 능력평등관에 기인한다고 말할 수 있다.

어느 대기업의 인사과에 근무하는 사람이 능력주의 도입방법에 대해서 여러 가지 이야기를 하면서 일본에서도 학력에 따라 차이를 두어 능력을 판정한다고 말한 적이 있다. 학력에 따라 일률적으로 개인의 능력을 판정한다는 것은 능력주의라기보다는 오히려 능력평등주의이다. 왜냐하면 학력으로 능력을 평가하는 것은 누구든지 학교에 다녔던 햇수만큼의 능력을 갖는다는 사고방식이기 때문에 결국 개인의 능력차를 무시한 것이다. 또 학력은 물론 개인의 능력에 좋은 조건이 되지만 이것을 무시하는 것도 역시 타당하지 않다.

학력일률주의나 극단적인 학력반대주의는 둘 다 능력평등관이라는 본질적으로 같은 신념에서 생겨난 것으로 표현이 다른 것은 우연히 그것을 주장하는 사람의 조건, 이해관계가 상반되는 데 불과하다.

일본에서 민주주의, 사회주의가 때때로 혼란을 일으키는 요인의 하나는 사회주의 국가에서도 인정하는 능력차조차도 인정하려고 하지 않는 점에 있다.

이 능력평등관에 서면 설수록 그 결과 서열편중으로 기울지 않을 수 없다. 그리고 이 경향은 이미 서술한 대로 집단구성의 요인이 자격차에 의해서라기보다 장의 공유에 의해 결정되기 때문에 더욱 조장되고 있다.

개인이 조직화되는 경우, 첫째로 개개인들 사이에 어떠한 차이를 설정해서 분류하는 것이 필요조건이 되고 있다. 그 경우 능력차도 자격차도 충분한 지표로서 취할 수 없게 되면, 서열에 의한 차이가 지표가 될 것이다. 이것은 일본인의 취향이라든가, 특질이라기보다는 사실은 조직구성의 방법으로서 역학적인 문제이다. 분명히 능력평등관과 서열편중은 상관관계가 있다.

능력과 서열이라는 지표는 어떤 사회에서나 많든 적든 잠재해 있고 서로 보완적이면서도 한편으로 서로 상반되는 것인데, 이 평행틀 게임에서 어느쪽으로 기우는가에 그 사회조직의 특색이 있는 것이다.

능력차는 어떻게 인정되는가

아무리 일본인이 서열편중적이라고 하더라도 현실적으로 존재하는 개인의 능력차를 무시하는 것은 불가능하고, 또 실제로 능력평가가 행해지고 있다. 그런데 이 평가는 서열시스템의 테두리 안이라는 대단히 좁은 범위에서 행해지며 또 행할 수밖에 없다.

예를 들면, 10사람의 동기생 중에 과장 한 사람을 고를 때는 당연히 능력이 문제가 된다. 어느 연차에도 소위 출세머리라고 불리는 제일 먼저 출세하는 사람은 있다. 인사가 부당하게 행해지지 않았을 경우 이 능력판정은 유효하게 적용된다.

단지, 입사시험 등으로 들어온 직장동기생은 때때로 출신대학도 같아서 차이가 없어 보이거나 같은 직장에서 일하기 때문에 상호영향도 있어서 닮아 가거나 상호보완적이 되기 때문에 능력차에 의한 선발이 어려운 경우도 있지만, 대체적으로 그 선발에는 그 장소의 사정을 배경으로 한 능력주의가 행해지고 있다고 인정된다. 때때로 언뜻 보면 불공평해 보이는 인사가 행해졌다 하더라도 장기적인 안목에서 보면 나중에 조정되기도 한다. 그런 의미에서 인사의 불공평에 의한 병폐의 유무는 일본적 시스템 자체에 있다기보다는 그 집단의 기능적 효율, 성능 정도에 의한다고 해야 할 것이다.

나아가 특정 해의 동기생뿐만 아니라 그 전후 3~4년의 폭을 가지고 승진 선발이 이루어져 1년 또는 2~3년 후배가 먼저 들어온 사람보다 높은 지위에 오르는 경우도 있지만, 잘 살펴보면 각 연도에서 제일 먼저 출세하는 사람 선에서는 연도에 의한 서열이 지켜지고 있는 것이 보통이다(후배가 선배를 앞지르는 경우는 있어도 선배 중에서 제일 먼저 출세한 사람을 추월하는 경우는 없다). 따라서 능력주의가 어느 정도 탄력성을 가지고 일정한 서열의 테두리 내에서 행해지고 있다고 말할 수 있다.

또 일의 진행과정을 보면, 같은 직장에서 같은 월급을 받는 사람들 중에서도 보다 능력있는 사람이 보다 많은 일을, 또는 보다 중요한 일을 부담하는 것과 같이, 어느 정도의 치우침이 나타나는 것은 보통이다. 힘든 일을 하도록 배당받은 사람이 그것에 대해 별로 불평하지 않는 것은 자기의 능력이 평가되고 있다는 만족감과 자신감을 느끼고 있기 때문이 아닌가 생각된다. 그리고 회사에서는 그것이 때때로 승진에 연결될 때, 더욱더 그러한 사실상의 불공평은 용인된다.

이렇게 보면, 외국의 경우와 같이 눈에 띄는 발탁은 이루어지지 않지만, 일본의 시스템은 서열일변도로 능력주의가 전혀 행해지지 않았다고 보는 것은 타당하지 않다. 정확히 말하면, 능력주의가 극히 한정된 테두리 안에서 행해지고 있다고 말해야 할 것이다.

따라서 서구의 경우와 다른 것은 능력주의의 유무라기보다, 일본의 경우는 테두리가 강하게 짜여 있어 극히 한정된 후보자들 사이에서 행해진다는 점이다. 이 테두리를 설정하는 것이 서열의식이기 때문에 그런 의미에서 일본은 확실히 서열 우선의 사회라고 말할 수 있다.

서열의식 없이는 살지 못하는 일본인

일본 사회의 뿌리깊은 서열편중은 연공서열제라는 근대 사회에서 발달한 제도를 예로 들 필요도 없이 오랜 전통을 갖는 일본인의 일상생활에서도 유감없이 발휘되고 있다.

첫째로, 일본인은 서열의식 없이는 의자에 앉는 것도 불가능하고(일본식 거실에 좌석을 정하는 것이 특히 결정적인 작용을 한다), 또 말하는 것도 불가능하다(경어의 섬세한 사용, 발언의 순서, 발언시간 등에 필연적으로 반영된다).

일본에서는 어떤 회합에 초대되어 가도(그것이 서양식 장소라고 하더라도) 초청한 측의 집단서열을 일목요연하게 알 수 있는 것이 보통이다. 초대된 손님의 바로 옆쪽이 높은 자리이고 입구 쪽이 아랫자리로 발언의 순서나 양, 그리고 태도 등이 놀라울 정도로 그 앉는 순서를 반영하기 때문이다.

그런 어떤 회합에서 높은 자리에 앉은 부장이 "우리 회사는 다른 곳과 달리 미국식 능력주의를 채용해 민주적인 경영을 하고 있습니다"라고 자랑스레 말하고, 과장이나 계장은 "정말 그렇습니다"라는 식의 반응을(각각의 지위에 걸맞은 동작으로) 보이기 때문에 필자는 웃음을 필사적으로 참으며 "그렇군요. 미국식 능력주의의 일본판을 실현하고 계시는군요. 물론 상대는 미국인이 아니고 일본인이니까"라고 대답할 수밖에 없다.

능력주의의 적용을 이렇게 열심히 실행하고 있음에도 불구하고 뿌리깊은 서열의식에서 조금도 빠져 나오지 못하는 것은 일본적 사회의 서열조직의 강고함을 유감없이 보여 주는 것이라 말할 수 있다. 정말로 능력주의가 실현되고 있다면 서열의식이 약해지지 않으면 안 된다.

개인의 능력으로 활동하는 사람들조차도

능력주의를 관철하는 것이 일본 사회에서는 얼마나 어려운가 하는 것은 다음 예를 통해서도 충분히 알 수 있다. 회사와 같은 조직체가 아니고 개인의 능력으로 백 퍼센트 활동할 수 있는 작가나 배우와 같은 직업에 종사하는 사람들 사이에도 서열의식은 뿌리깊게 침투해 있다. 예를 들면, 어떤 문학상을 수상한 작가의 소감 중에 '수상은 기쁘지만 선배를 젖히고 나 같은 사람이 수상하는 것은 ―' 하는 식의 구절이 있다든지, 갑자기 평판이 올라간 배우가 출연료를 더 올려 달라는 이유로, 자기가 주연한 영화가 흥행에 성공했다는 이유와 함께 자기보다 후배인 누구가 자기보다 훨씬 많은 출연료를 받고 있기 때문에 선배인 자기가 더 많이 출연료를 받는 것은 당연하다라는 식으로 말한다. 그 외에 예능계에서도 선후배나 보스의 존재 등, 일본의 다른 사회집단과 그 구조를 같이하고 있다고 볼 수 있다. 이런 식이기 때문에 회사에서 능력주의가 관철되지 못하는 것은 당연하다.

3. 중국, 인도, 티베트와의 비교

일본인은 의견발표에까지 서열의식

앞에서도 말한 것처럼 서열이라는 기준은 어떤 사회에나 존재하고 있다. 그러나 일본 이외의 사회에서는 그 기준이 사회생활에서 모든 인간관계를 지배할 정도로 강한 작용을 하지는 않는다. 그것은 대단한 탄력성과 한계를 가지고 있으며, 다른 기준(예를 들면 능력)에 대해서 양보할 수도 있다.

예를 들면 '장유유서(長幼有序)'의 원조인 중국을 보면, 장유유서 또는 지위의 순서는 사회질서로서 극히 명료한 예절에 근거하여 지켜지고 있지만, 개인의 실력이라든가, 더 나아가 공적 등에 대해서는 언제라도 서열을 양보하는 것으로 되어 있다.

장유유서에서는 **A-B-C**로 자리매김되지만, 다른 경우에는 실력에 의해 **C-B-A**로 자리매김되기도 한다. 조건이라든가, 그때그때의 목적에 의해서 개인의 서열이 바뀌기도 하는 것이다. 이 사실은 행동에서도 명료하게 보인다.

중국인은 늘 나이든 사람에 대해서 상징적으로 말하면, 2~3보 물러선 지점에 자기를 두는 행동으로 서열을 표시하지만, 뭔가 중요한 결정을 필요로 하는 이야기에서는 연장자에 대해서도 일단은 당당히 자기 의견을 피력한다. 일본인과 같이 아랫사람이 자기 생각을 피력하는 상황에 이르러서까지 서열을 지키려는 노력은 하지 않는다.

이것은 인도인에게도 같은데, 의견을 피력한다는 점에서 그들은 중국인 이상으로 자유롭다. 인도에서 필자가 가장 놀란 것은 중국같이 경로정신이 강하고 또 카스트라는 놀라울 정도의 신분차가 있음에도 불구하고 젊은 사람이나 신분이 낮은 사람들이 연장자나 신분이 높은 사람에 대해서, 외관상의 행동에서는 확실한 서열을 보이나(담배를 결코 피우지 않는다든가, 앉지 않는다든가 하는), 한편으로는 당당하게 반론할 수 있었다.

일본에서는 이것을 말대답이라 하여 금기시되고 서열을 문란하게 하는 것으로 배격한다. 일본에서는 표면적인 행동뿐만 아니라 사고, 의견발표까지도 서열의식이 강하게 지배하고 있다.

순수한 학문적인 토론이 불가능한 일본

이것은 일본 학자들의 모임에서 순수한 학문적 토론을 하기가 상당히 어렵다는 데에서도 잘 나타난다. 그 모임 안에 선후배관계나 사제관계에 있는 사람들이 있으면 의견발표가 어쩔 수 없이 서열에 영향을 받는다. 이러한 극단적인 현상을 필자는 다른 나라 학자들의 모임에서는 본 적이 없다.

여러 나라 중에서 일본의 서열의식에 가장 가깝다고 생각되는 사회는 티베트라고 할 수 있다. 그들 사이에서는 일본 사회에 결코 뒤지지 않는 서열의식이 있으며, 그것은 사회생활에서 앉는 순서의 중요성이나 놀라울 정도로 섬세한 경어 사용법에 잘 나타나 있다. 그러나 필자가 감탄한 것은 이 서열의식이 학자(전통적으로 승려인데) 들의 토론장에서는 완전히 폐기된다는 점이다.

경어는 완전히 자취를 감추고 발언의 방식이나 반론도 완전히 동등하게 행해져 거기에는 실력 이외는 그 어느것도 개입되지 않는다. 이러한 토론장에 참가할 때는 달라이 라마조차도 왕좌에서 내려와 다른 학자와 같은 열에 앉는 것이 관습이다(이것을 나중에 서술할 일본 학회의 토론 모습과 비교해 보기 바란다).[2)]

4. 영국, 미국과의 비교

기이하게 보이는 일본의 서열의식

소위 서열에 큰 비중을 두지 않는 사회의 사람들에게는 '종적'인 관계라는 이 일본적인 의식은 조금 기이하게 비친다. 마치 일본인이 왜 인도인은 이상한 카스트제도와 같은 것을 가지고 있을까라고 생각하는 것과 마찬가지다.

과거 필자가 런던 대학에서 객원교수로 있었던 때의 일이다. 사회인류학을 전공하는 동료와 차를 마시며 담소할 때, 미국 대학에

---

2) 이 티베트의 승려학자들의 토론에서 보이는 실력주의(서열의 부정)는 분명히 불교 교의와 함께 인도에서 수입된 문화라고 생각된다. 일본에는 중국 문화, 인도 문화, 서구 문화도 수입되었지만 실력주의는 일본 사회에 뿌리를 내리지 않았던 것이다.
실력주의는 근본적으로 대인관계의 양식이기 때문에 실제적인 인간 접촉을 경험하지 않고는 상당히 체득하기 어렵다. 일본의 외래 문화 수입은 형식적인 경향이 강한데, 그것은 바다를 건너서 들어오기 때문에 어쩔 수 없이 간접수입에 의존했기 때문이라고 생각된다.
이런 의미에서도 문화는 수용, 변화하기 쉬운 것이나, 사회구조의 기반이 되는 인간관계의 존재양식은 역사적, 문화적 변형에도 불구하고 변하기 어려운 것임을 지적할 수 있다.

출장강사로 갔다가 방금 돌아온 교수가, "그런데, 지에 씨 당신을 안다고 하는 모 교수(일본인)를 만났어요"라고 필자에게 말하면서 동석자들을 둘러보며, "그것이 아주 재미있었어요. 나는 그가 민족학자라고 해서 미스 나카네를 알고 있습니까 하고 물었더니, 그가 잘 알고 있습니다라고 대답했어요. 그런데 그 다음이 걸작이었어요." 거기에서 그는 잠깐 뜸을 들이더니 장난스럽게 다음과 같이 말했다. "그런데 그 여자는 나의 후배입니다라고 꼬리를 달았어요." 그때 말하는 사람과 듣고 있던 사람이 다 같이 '와' 하고 웃었다.

그 교수는 자기 이야기의 효과를 한층 더 확실히 하기 위해서 "나는 서열 사회의 인간이 어떤 것인가를 이 눈으로 여러 가지 확인했지요. 전형적인 일본인이 아닙니까" 하고 토를 달았던 것이다.

교사간, 교사와 학생 간의 인간관계

이 교수는 일본에 간 적도 없고 일본인을 거의 모르지만 사회인류학자로서 그런 사회의 모습을 알고 있다. 그는 일본인 민족학자가 눈치채지 못하게 그를 예리하게 관찰했던 것이다.

그럼 일본인의 인간관계를 이상하다고 생각하는 영국인의 인간관계를 일본인의 그것과 대비시켜 관찰해 보자.

앞의 예에서도 나타났듯이 필자의 경험에 의하면 런던 대학에서는 교수, 조교수, 강사는 일괄적으로 '동료'이며, 같은 과의 동료는 선후배 구별없이 성만으로 서로를 부른다. 그들은 제3자(학생 등)가 있는 앞에서만 교수라든가, 박사라는 호칭을 사용하지만, 일단 동료들만 있게 되면, 성만으로 서로를 불러 동료로서의 친밀하고 긴장되지 않은 분위기에서 이질적인 것을 집어넣지 않고 같은 세계를 공유한다.

모든 학부에서 이와 같은 방법으로 동료를 부르지 않을지도 모른다. 또 이것은 전후의 현상일지도 모른다. 그러나 그 형식은 별개로 치더라도 영국에서는 교수(동료)의 세계와 학생의 세계는 일본인의 눈으로 보면 확실한 경계가 설정되어 있다. 즉 교수와 학생 사이에는 강한 이질성이 나타난다. 민주적이라는 미국 사회에도 이러한 경향이 보인다. 예를 들면 시카고 대학에서 성만으로 서로를 부르는 것은 교수들끼리 또는 학생들끼리만 허용되는 것이지, 이 양자 사이에서는 사용되지 않는다. 교수는 학생을 미스터 아무개라고 부르고 학생은 교수를 아무개 교수님 또는 아무개 박사님 또는 미스터 아무개라고 꼭 경칭을 붙인 성을 부른다.

학생은 박사학위를 취득하면서부터 교수들에게 성만으로 불리게 되고 또 교수들을 성만으로 부르는 것이 허락된다. 이와 같이 학자와 학생과의 사이에는 명확한 선이 그어져 있다.

그들 사회에서는 조직의 구조지표가 되는 것은 '종적'으로 연결되는 서열이 아니라, '횡적'으로 연결되는 계층적인 분류이다. 이러한 구조를 가진 사회에서는 동료의식이 강하고 거기에서 연대성이 생겨나며, 반대로 그 안에서의 서열의식은 대단히 희박하다. 이러한 경향이 가장 발달한 것이 인도의 카스트제도이다.

서열적으로 연결되는 일본의 교사와 학생

이러한 '횡적' 관계가 강하게 작용하는 사회구조에 반해 일본의 '종적'인 서열제는 구조적 안티테제를 대표한다.

동질의 것을 서열에 의해 차등을 두기 때문에 동료와의 연대의식은 지극히 희박하고 그 대신 교수, 조교수, 강사, 조수, 학생이라는 놀라울 정도의 '종적' 관계에 의해 묶여 있으며 교수는 동료교수보다 제자인 강사, 조수, 학생과의 관계가 보다 친밀하다든가 거기에 중점을 두는 경향이 많다(교수회의의 내용이 밖으로 새어 나가는 것은 이 종적인 선의 기능을 나타내는 하나의 좋은 예일 것이다).

나아가 학생들 사이에서는 일학년, 이학년, 삼학년이라는 서열의식이 성적이라든가, 능력을 초월해서 강하게 보이는데, 이것이야말로 일본 사회의 강한 서열의식을 입증해 주는 좋은 예이다. 이와 같이 교수진과 학생층이 다 같이 내부분화를 일으키고 있기 때문에 교수와 학생이라는 차이가 비교적 약해지고 다른 나라와 비교해서 교수와 학생 간의 차이가 작아져 동질의 사람들 사이에 있는 서열의 연장선과 같은 느낌조차 준다. 이렇게 해서 양자를 구별하는 선의 기능이 약화되어 계층분화의 기능을 축소시킨다.

영국군의 포로가 된 일본군 장교의 괴로움

이러한 현상은 대학의 인간관계에서뿐만 아니라 모든 분야에서 나타나는데, 그 좋은 예가 패전 직후 버마(현재의 미얀마)에서 영국군의 포로가 된 일본군 장교의 반응이다.

영국군은 당연히 국제법에 따라, 또한 그들의 시스템을 반영하여 일본군을 장교와 사병으로 분류해서 수용하였다. 소위 말하는 장교 우대로 대단히 쾌적하게 수용된 일본군 장교는 자기 부하가 자신처럼 힘든 작업을 하며 괴로운 수용생활을 하는 것을 보면서, 자기들만이 이런 좋은 대우를 받을 수는 없다고 대단히 괴로워했다고 한다.

이러한 예를 들 것도 없이, 장교와 사병 사이의 친밀감은 여러 면에서 나타나고 이 점이 일본 사회에서는 높이 평가된다. 장교와 사병이라는 이질적인 것이 '종적' 관계에서 밀착된다.

이와 같은 일본인의 인간관계의 양식, 그것에 의해서 가능해지는 '종적' 조직은 필연적으로 장교라든가, 대학교수, 노동자라는 공통의 자격을 기반으로 한 그룹의식을 대단히 약화시키는 결과를 초래한다. 이 내부구조에서 오는 동류의식의 희박성은 사회집단이 테두리에 의해서 구성되기 때문에 자기 집단 밖에 있는 동류(同類)와는 궤를 달리하는 것과 맞물려서 한층 더 약체화되고 있다. 여기에 동류의식을 대신하여 소위 동족(일족랑당적인) 의식이 등장한다.

제4장 '종적' 조직에 의한 전체상의 구성

1. 대립이 아닌 병립적인 관계

병립관계에 있는 노사

이와 같은 기본적인 사회구조의 운동법칙에 의해서 만들어진 사회의 전체상은 카스트나 계급에 의해서 만들어진 횡단적인 층화가 아니라, 기업별, 학교별과 같은 종단적인 층화이다. 서구와 같은 사회계층이 일본에서도 객관적으로 보이며, 서구의 사회학을 준거로 해서 볼 때, 일단은 비슷한 것을 설정할 수 있다. 그러나 그것이 현실 사회에서 기능을 발휘하기 어렵다는 점, 그리고 사회구조를 진정으로 반영하고 있지 않는다는 점을 지적할 수 있다.

일본 사회에서 정말로 투쟁관계에 있는 것은, 자본가 또는 경영자와 노동자가 아니라 A회사와 B회사이다. 경쟁자는 상하관계에서는 것이 아니라, 오히려 인접하여 병존하는 옆에 있는 것과의 관계이다. 경쟁은 대립하는 것과 하는 것이 아니라, 병립하는 것 사이에서 전개된다.

이 구조를 단적으로 나타내는 가장 좋은 예는 일본의 노동조합 구성이다.

진정한 연대감을 동반하지 않는 노동조합

모든 조합은 우선 같은 직장에서 형성된다. 산업계로 말하면, 먼저 기업별 조합이며, 그 집합체로서 산업별 조합이 구성된다. 하나의 기업체를 가로로 잘라서 다른 기업의 동일직종과 함께 구성되는 직종별 조합은 만들어지기 어렵다. 개개의 기업에서 독립한, 예를 들면 선반공 조합은 만들어질 수 없으며, 반대로 하나의 기업체 안에서 선반공이나 사무직원 그리고 고급엔지니어까지 한 덩어리가 되는 기업단위의 조합이 일본의 특색 있는 조합구성이다.

즉 필자의 이론에서 말하는 테두리에 의해서 구성되는 조합으로 동일 자격자에 의해서 구성되는 것이 아니다. 이러한 조합구성은 세계적으로도 드문 것이라고 말할 수 있다.

이러한 조합구성에서는, 조합이 기업체로서의 단결에 공헌하는 경우는 있어도 다른 기업에 산재해 있는 같은 직종의 사람들 사이에는 진정한 연대감(이 연대감이야말로 여러 나라에서 조합활동의 가장 중요한 추진력이 되는데)은 성장하지 않는다. 전국적인 조합운동에서 종종 발이 맞지 않는 것은, 이러한 조합구성을 갖고 있는 이상 당연한 것이라고 말하지 않을 수 없다.

한계가 드러나는 '이에(家)'문제

따라서 조합의 단결과 높은 기능성은 기업체 내의 조합에 요구되는 것으로, 그 의미에서 경영자와 노동자의 대립, 항쟁은 결국 '이에'문제이다. 여기에 일본 조합운동의 독특한 스타일이 있으며 그 한계가 드러난다. 열광적인 에너지는 보이지만, 그것이 아무래도

산발적이고 사회 전체를 뒤흔드는 문제로까지는 발전하지 못하는 이유는 바로 이 일본 사회의 집단구조에서 기인하는 것이다.

한편 '이에' 안에서 형성되는 조합은 투쟁자간의 대립을 저지하는 내부구조에 의해서 또 하나의 커다란 약점을 가지고 있다. '이에'는 일족랑당적인 집단으로 운명공동체이기 때문에, 단적으로 말하면 한 집안에서 부모와 자식이 대립하는 것과 같이 자르려고 해도 자를 수 없는 정서적이고 경제적인 끈 안에서 일이 진행된다는 것이다.

그리고 이 끈(소위 '종적'인 관계로 연결되어 있다)이 연속체를 이루기 때문에 오늘의 조합 대표자가 내일은 관리자로서 조합의 요구에 맞서게 되는 경우가 생기는 등, 조합집단의 인적 지속성은 늘 깨지지 않을 수 없다.

한편, 조합구성원만을 생각해 보아도, 노동자와 고급기술자 또는 정년 때까지 관리직에 앉지 않는 사람과 가까운 시일 내로 관리직에 앉을 사람들이라는, 완전히 자격이 다른 사람들이 같은 조합에서 같은 슬로건 아래 같은 조합집회를 하며 같은 행동을 취한다는 것은 주목할 만한 것이다.

2. 인간평등주의

평등주의에서 파생하는 미지근한 물과 같은 도덕

자격의 차이를 억압하고 테두리를 강조하는 결과로서 이와 같은 현상이 나타나는데, 이러한 일본적 이데올로기의 저변에 있는 것은 극단적인, 어떤 의미에서는 소박하다고도 할 수 있는 인간평등주의(무차별 악평등이라고 말할 수 있는 것과도 통하는, 이성적인 입장에서라기보다는 감정적으로 요구되는 것)이다. 이것은 서구의 전통적인 민주주의와는 질적으로 다른데, 일본인이 좋아하는 민주주의는 이 인간평등주의에 근거하는 것이다.

이것은 이미 지적한 '능력차'를 인정하려 하지 않는 성향과 밀접히 관련된다. 일본인은 가령 가난한 사람도 성공하지 않은 사람도 교육받지 않은 사람도(동등한 능력을 갖고 있다는 것을 전제로 하기 때문에), 그렇지 않은 사람과 동등하게 대우받을 권리가 있다고 믿는다. 그런 열악한 상태에 있는 사람은 우연히 운이 나빠서 혜택받지 못했기 때문에 그렇게 된 것으로, 결코 자기의 능력부족 때문이 아니라고 자타가 인정하지 않으면 안 된다는 식이다.

그러나 실제의 사회생활에서는 그러한 사람들은 손해를 보는 입장에 서 있다. 그렇지만 '가난한 사람은 보리밥을 먹어라'는 투의 말은 결코 입 밖으로 내서는 안 되는 것이다. 약한 자, 가난한 자를 그들의 처지에 상응하게 멸시하는 말을 입에 담는 것은 일본 사회에서는 금기이다. 실제로 그런 사람들을 위해서 정말로 일을 하는가, 힘을 다하는가는 별개의 문제로, 입으로는 그렇게 해야 한다는 것 자체가 미덕이 된 것이다.

일본에는 이런 말뿐인 사이비 동정자(또는 언행불일치자)가 얼마나 많은가. 특히 좌익적 언사를 둘러대는 사람들 대부분이 이러한 종류의 특권적인 기분파라는 데, 평등주의에서 파생하는 미지근한 물과 같은 도덕이 보이는 것이다.

평등주의가 만들어 낸 각고노력형(刻苦努力型)

그러나 이 뿌리깊은 평등주의는 개개인에게(능력이 있는 사람에게나 없는 사람에게도) 자신감을 심어 주어 끝없이 노력을 계속하게 하는데 커다란 장점이 있다고 할 수 있다. 그리고 '종적'인 연결은 그렇게 노력해 온 개인에게는 상승하기 위해 더없이 좋은 사다리를 제공한다. 이것은 개인이나 또 집단에서도 충분히 입증할 수 있는 것이다.

일본 사회의 놀랄 만한 가변성은 종종 전후의 현상으로서 생각되는 경향이 있는데, 에도시대부터 현재에 이르기까지 농촌의 각 가정의 흥망사를 조사해 보면, 상상외로 빈번한 흥망사를 보게 된다. 향촌의 선비라든가, 특별한 몇 집을 제외하면(또는 그러한 집들을 넣어도 좋은데), 3대 이상 계속해서 상층부를 점령한 경우는 적으며, 5대 이상의 경우는 거의 예외에 가깝다.

소위 오래된 집이라든가, 격식 높은 집, 지주라고 불리는 것은 언뜻 보면 선조 대대로 면면히 그 지위를 유지해 온 것같이 보이지만, 실제로 조사해 보면 의외로 새롭고, 촌락 하나를 예를 들어도 집집의 흥망사는 복잡하고, 상하이동은 다른 나라의 농촌보다 훨신 현저하다.

도시의 상하이동이 빈번하다는 것은 더 말할 나위도 없다. 대개 부잣집 자식은 고생하지 않기 때문에 사람이 좋고 바보스러워서, 각고노력형이 출세한다는 사회적 이미지가 일본인의 상식으로 밑바닥에 깔려 있다는 점은 이것을 잘 나타낸다.

계층에 대응하는 학벌

도쿄 대학 출신과 옥스퍼드 출신은 결코 같은 의미를 갖지 않는다. 전자의 경우 생선 가게 자식이든지, 물장사 술집 자식이든지, 실업가 자식이든지, 대학교수 자식이든지 상관없이 도쿄 대학을 통과함으로써 같은 대열에 설 수 있다. 일본에서는 교육기관이 사회계층의 차이를 없애거나 극소화시킬 수 있으며 또 이것은 일본인에게 나타나는 이상할 정도의 교육열을 설명할 수 있는 이유가 될 것이다.

활발한 상하간의 이동이 있으며, 한편으로 상승하는 사람이 있다는 것은 다른 한편으로는 몰락하는 비극을 생성한다는 의미이기도 하다. '나는 대학에 못 가서 일생을 밑바닥에서 끝내지만, 적어도 자식만은 출세시키고 싶다'는 부모의 소원이 현재의 일본처럼 강한 사회는 없을 것이다. 대학에, 보다 좋은 대학에 들어가기만 하면이라는 의식은 상층으로 이동해야 할 절대성을 전제로 하여 성립한다.

후자의 경우 신사의 자제는 대개 옥스퍼드에 가기 때문에 옥스퍼드의 특색이 나오는 것이며, 노동자의 자식은 옥스퍼드에 들어간다 해도 하층출신이라는 것이 일생 동안 따라다닌다. 즉 교육기관은 사회계층의 차이에 대해서 별로 기능을 발휘하지 않는다.

따라서 사회적인 기능으로서 학벌이나 계급이라는 대조가 여기서 드러난다. 학벌이 있다는 것은 매우 비난하면서, 계층간의 이동이 있다는 장점은 잊혀지고 있다.

3. 과도경쟁에 의한 병폐

'횡적' 조직에 약한 일본 사회의 비극

어떤 사회에서도 모든 사람이 위로 상승한다는 것은 불가능하다. 그리고 사회에는 대학을 나온 사람이 필요한 것과 마찬가지로 중학교만 졸업한 사람도 필요한 것이다. 그러나 일본과 같이 '종적' 상승운동이 격렬한 사회에서는 '밑바닥'이라는 말이 시사하는 것같이 하층에 머문다는 것은 대단한 심리적 부담이 된다. 왜냐하면 위로 상승할 수 있는 길이 있으면 있는 만큼, 하층에 있다는 것은 경쟁에 진 사람 또는 몰락자라는 의미가 들어 있기 때문이다.

인도에 가서 놀란 것은 가난한 하층 카스트의 사람들이 적어도 일본의 하층민과 같이 심리적으로 전혀 자신을 비참하게 생각하지 않는다는 점이다. 이것은 카스트에 태어나면 죽을 때까지 그 카스트에 머문다는, 즉 경쟁에서 졌다는 비참함이 없는 안정된 마음과 동료가 있어서 서로 도우며 산다는 연대감을 가질 수 있기 때문일 것이다.

일본에서는 이미 자세히 논술한 대로 모든 계층에서 동류의 집단이라는 것이 불가능하다. 하층사람에게 고독은 더한층 비참한 것이 된다.

동료, 동종 집단은 서로 적이 된다

이와 같은 이동은 필연적으로 동류를 적대시한다. 이것은 또 '종적' 기능을 더욱 강화시키고, 한편으로 '횡적' 관계는 약하게 될 뿐만 아니라 방해하는 존재가 될 것이다. 동료에게 '발목을 붙잡힌다'라든가 '나온 못은 두드려 맞는다'라는 말은, 이 작용을 상징적으로 표현하고 있다.

이것이 집단의 경우가 되면, 같은 종류와 실력을 가진 상대가 적이 된다. 예를 들면 철강업의 여러 회사, 무역업의 여러 회사 등과 같이. 마찬가지로 학교라면 대학과 대학, 고등학교와 고등학교, 농촌이라면 마을과 마을, 종교계라면 신흥종교 집단과 다른 신흥종교 집단, 관료라면 내무관료와 외무관료 등과 같이.

그리고 이러한 경쟁은 지극히 현실적인 표현이 되어 나타나고, 경쟁의 결과 '격 매김'이 행해지게 된다. 예를 들면 출판사에서도 "저 출판사는 우리보다 격이 높기 때문에"라는 식의 표현을 쓴다. 집집마다 격이 문제가 되는 것은 농촌만이 아니다. 대개 경쟁의 출발점이 빠른, 즉 역사가 오래되면 오래될수록 격이 높은데, 그 격이 실적에 의해 변경될 수 있다는 것이 경쟁을 더욱 부채질하는 요인이 된다. 이 경쟁은 또 개개 집단의 결속을 굳건히 하는 중요한 요인이 되어 집단의 고립성, 봉쇄성을 한층 더 불러일으키고 있다.

병립경쟁의 장점과 그 국가적 손실

이 병립하는 것들 사이의 경쟁은 일본의 근대화, 특히 공업화에 위대한 공헌을 남겼다고 생각한다. 늘 상승적이라는 것은 사람들의 활동을 활성화시키고, 경쟁은(집단으로서도 개인으로서도) 커다란 자극이 되어 일의 추진력이 되고 있다는 것은 의심의 여지가 없는 사실이다. 그러나 동시에 단점도 가지고 있다. 이것은 말할 필요도 없이 부당한 에너지 낭비일 것이다. 외국 무역에서 같은 종류의 상사가 동일한 바이어에게 몰려들어 함께 망하는 식의 광경은 이미 잘 알려진 일이다.

이것이 상징하는 바와 같이 나라 전체로서는 손실이 크다고 하지 않을 수 없다. 야채가 좋다고 하면 농촌에서 너도 나도 없이 야채를 재배하여, 다음해에는 양배추가 밭에서 썩어 나간다든지, 어떤 출판사가 문고판을 내면 다른 출판사들도 일제히 비슷한 시리즈를 시작해, 비슷한 저자가 비슷한 것을 쓴다.

모두 똑같은 것을 하지 않으면 속이 후련하지가 않다, 아니 경쟁에 져서는 안 된다, 버스 타는 데 늦어서는 안 되기 때문일까, 나라 전체로서는 얼마나 큰 낭비인가. 분업의 정신이 과연 일본인에게 있을까.

4. 원세트 구성과 정치조직의 발달

분업정신에 반대하는 기업구조

분업(여기에서는 사회학적 분업을 의미한다)이란 말할 필요도 없이 A집단이 a제품을, B집단이 b제품을 각각 전문으로 하여 서로 사회에 제공하며 이들 집단간의 상호교환에 의해 전체가 운영되어 가는 구조이다.

이 분업의 지향성이 강하면, 각각 일정한 역할을 갖는 집단이 서로 긴밀한 상호의존의 관계에 서서 사회 전체가 집단간을 연결하는 복잡한 네트워크의 누적에 의해 하나의 커다란 유기체로서 사회학적으로 통합된다.

이러한 조직을 전제로 하면, 과도경쟁의 정도가 훨씬 낮아진다. 왜냐하면 완전히 다른 제품을 제조, 공급하는 A사와 B사 사이에는 경쟁관계가 성립되지 않기 때문이다.

그런데 일본적 현상은 A사도 a, b제품을, B사도 같은 a, b제품을 제조하기 때문에 A, B 두 회사는 경쟁하지 않을 수 없게 된다. 전자와 같이 분업 지향이 강한 경우에는 A, B는 서로 없어서는 안 될 의존관계에 있을 수 있는데, 후자의 경우는 반대로 서로 적, 방해자가 되어 A, B는 각각 고립하는 방향을 취하게 된다.

이 일본적 현상은 일본 사회의 모든 분야에서 나타난다. 일본 기업의 존재방식이 그 대표적인 것으로, 하나의 기업은 완전히 다른 몇 가지 종류의 제품을 만들며 사업을 하고 있는 것이 보통이다. 여러 산업 분야를 가지고 있던 과거의 재벌구성 등은 이 일본적 현상을 정말 잘 표현한 것이었다. 또 재벌이 해체되었다고 해도 대기업은 그 산하에 방대한 수의 동종의 기업을 계열화하고 있을 뿐만 아니라 특정한 다른 기업과 반(半)독점적(단일적)인 관계를 체결하는 것에 의해 과거의 재벌구성을 반영하고 있다.

이와 같이 한 군(群)마다 명확한 집단을 형성하여 극단적으로 말하면, 자기완결적인 원세트를 구성하는 것이 보통이다. 다른 집단을 필요로 하지 않고, 무엇이든지 자기 안에서 가능하여, 구조적으로 분업정신에 반하는 사회경제를 구성할 수가 있다.

이 '만물상'적인 정신은 모든 분야에서 보이는데, 앞에서도 언급한 출판계, 방송, 신문, 잡지의 존재양식에도 잘 나타나 있다. 어느

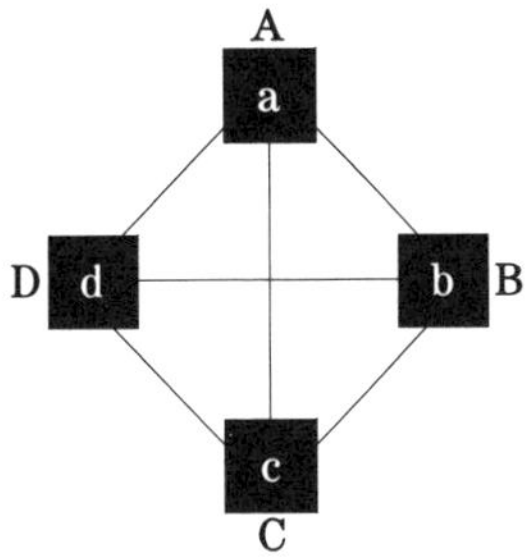

[도표 1] 분업주의 사회

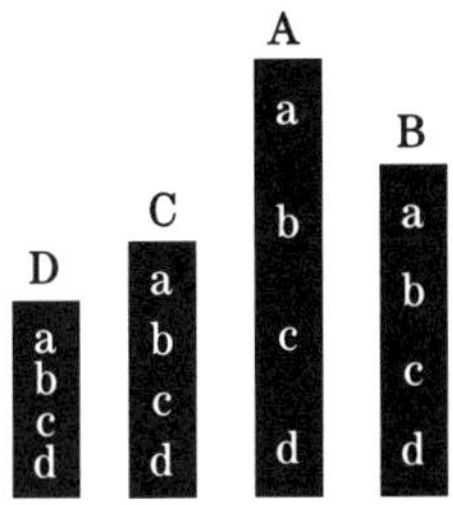

[도표 2] 원세트주의 사회

채널을 보아도 비슷한 방송프로이며, 어떤 신문이나 잡지를 보아도 적어도 대표적인 것은 완전히 같은 구성과 내용을 갖고 있다. 또 그 구성이나 내용이 정치, 경제, 문화, 사회의 모든 분야에 걸쳐 지식인에서 노동자까지를 포함한 모든 종류의 사람들을 대상으로 하여 만들어지고 있다. 얼마나 욕심 많은 원세트주의인가.

일본에서 백화점이 발달하고, 종합대학이라고 불리는 교육기관이 늘어나는 것도 이 원세트주의를 잘 표현하는 것이다. 작은 집단에서는 일정한 것을 전문으로 하는 경우도 많지만, 규모가 커지면 반드시 이 원세트주의가 나온다는 사실은 대단히 재미있는 현상이다.

이와 같은 원세트주의를 취하는 이상, 과도경쟁이 조장되고 격차가 생기는 것은 당연하다. 자유주의 사회에서 경쟁은 당연한 것이지만, 일본에서 다른 나라보다 훨씬 과도경쟁이 극심해지는 것은, 바로 이 원세트주의가 그러한 결과를 이끌어 내기 때문이라고 생각된다.

또 격차도 많든 적든 어느 사회에서나 보이는 현상이지만, 일본 사회에서 문제가 될 정도로 극단적으로 나타나는 것은 이 원세트주의에 근거해 동일한 분야에서 모두 동일한 구성을 가지고, 동일한 활동을 하고 있기 때문에 비교가 확연하게 된다는 점이다.

학교간 격차가 있다는 것을 비난하여 학군이라든가 입시방법 등이 검토되어 격차를 없애려는 시도가 이루어지고 있으나, 별로 큰 효과를 내지 못하고 있다. 왜냐하면 격차의 유래는 사회학적 구조에서 오는 것으로서 도덕적 선악의 문제가 아니라 역학적인 문제이기 때문이다. 격차를 낮추고 또 축소하려면 원세트주의를 그만두고 분업주의로 이행하는 것 이외에는 달리 방법이 없다고 생각한다.

여기에 비교가 안 되는 철저한 행정망

이와 같이 원세트주의의 지향이 강하게 지배하고 있는 사회의 전체상은 기업, 학교 등과 같이 종류를 같이하는 분야별로 군(群)이 형성되고, 그 각 群에는 같은 내용, 구조, 활동을 하는 고립된 크고 작은 다수의 집단이 격렬한 경쟁을 벌이고 있다는 것이다.

이 경쟁에서는 보다 완비된 원세트를 갖추고, 보다 역사가 오래된 집단이 유리하다. 즉 그러한 특정 집단(하나 또는 복수의)이 동류의 여러 집단 중에서 보다 많은 광범한 시장을 지배하게 되는 것이 보통이며, 그 분야의 발전과 함께 점점 우세해져 전국을 자기의 네트워크로 커버하여 부동의 지위를 자랑하게 되기도 한다.

이 과정에서는 자기증식에 의해 팽창해 가는 경우도 있고, 또 다른 여러 집단을 계열화하는 것으로써 성장하기도 한다. 어쨌든 종적 관계에 의해서만 대집단이나 대조직을 형성한다는 점이 중요하다.

따라서 아무리 커져도 동류집단과 횡적으로 연결될 가능성은 거의 없기 때문에 그 자체가 고립되어 있고, 사회에는 그 대집단에 들어가지 못한 동류의 다른 여러 집단이 동시에 존재하게 되는 것이다.

이와 같이 연대성이 없는 무수한 대소의 고립된 집단의 존재는 중앙집권적인 정치조직이 관철될 수 있는 절호의 장을 제공하는 것이다. 동시에 고립된 집단은 보다 고차원적인 활동으로 발전하기 위해서는 보다 커다란 통합조직을 필요로 한다. 그러나 개개의 집단 자체에는 그러한 조직을 만들어 낼 사회학적인 힘을 갖고 있지 않기 때문에, 필연적으로 다른 조직(정치조직)에 의존하지 않을 수 없다. 일본에서 중앙집권적인 행정조직이 현저하게 발달한 이유가 바로 여기에 있다고 생각된다. 즉 일본 사회의 경우 사회조직의 빈곤이 정치조직의 발달을 가져왔다고 할 수 있다.

고립된 여러 집단을 통합하는 행정망은 동시에 각 집단의 내부조직인 '종적'인 선을 따라 그 집단의 저변에까지 쉽게 미칠 수 있고, 그렇게 하여 일본은 세계에서 비유할 수 없을 정도로 철저한 행정망을 완비하여, 그 조직을 전인구에 침투시켰던 것이다. 실제로 에도시대에 막부(幕府)의 정책이나 번(藩)의 정책이 산속의 시골집에까지 빠짐없이 전달되었다는 행정망의 효율성은 단순히 막부의 권력만이 아니라, 일본 사회의 고유한 집단구조에 기인하는 부분이 크다고 생각된다.

예를 들면 같은 시대의 중국과 인도와 비교해 보면 대단히 대조적이다. 이들 나라에서는 횡단적인 사회조직—예를 들면 부계 혈연조직, 그리고 그것과 깊은 관련을 갖고 구성되는 지방 지주층의 네트워크, 길드, 카스트 등으로 방해받아, 중앙행정은 지방의 상층 인구에 멈추고 전인구의 저변에까지 이른다는 것은 있을 수 없는 일이었다.

더욱이 도쿠가와(德川)체제라는 것은 먼저 사농공상(士農工商)이라는 신분으로 전인구를 수평적으로 끊고, 나아가 번(藩)이라는 '종적'인 구획을 설정해서 이루어진 것으로, 그 선악은 별개의 문제로 하고, 조직으로서 '횡적', '종적'으로 양자를 교차시키고 있었는데, 이것은 대단히 뛰어난 것이라고 말하지 않을 수 없다.

흥미로운 것은 사회조직과는 이질적인 정치조직도 일본에서는 사회집단의 내부구조(다음 장에서 자세히 언급한다)와 완전히 똑같은 '종적'인 조직(관료조직)을 기반으로 한다는 점이다. 근대 이전에 놀라울 정도로 완비된 중앙집권적인 관료체제가 일본에 성립되어 있었다는 것은, 일본 사회의 '종적'구조의 지향이 정치조직 그 자체의 발달에 커다란 원동력이 된 것이 아닌가 생각된다.

중앙집권의 조장과 국민의 권력에 대한 공포

그런데 중앙에서 물을 흘리면 말단에까지 스며드는 훌륭한 행정망의 발달은 중앙권력의 조장에 너무나도 크게 공헌하여, 권력의 남용을 가능하게 하였으며, 동시에 권력에 대한 일반국민의 공포심을 불어넣은 것 같다. '긴 것에는 져라'는 식의 생각이 있는 한편, 모두가 위로부터의 명령이라는 것에 생리적인 반발심을 느낀다. 일본인만큼 정치권력에 약하고 또 일일이 정치권력에 반항(결과적으로는 별로 효과가 없다)을 시도하는 국민은 아마 드물 것이다.

어쨌든 일본의 공업화가 신속하게 달성된 것도 또 저 비참한 전쟁에 국민이 철저히 동원된 것도, 이 세계에서 비교되지 않는 정치조직의 힘에 의한 것이었음은 부정할 수 없을 것이다.

일본에서 정치권력은 늘 일본 특유의 사회구조가 뒷받침함으로써 위력을 발휘해 왔던 것이다. 나아가 이것은 나중에 서술하겠지만, 일본인에게서 보이는 종교, 철학의 빈곤과 맞물려 더욱 정치우선 사회를 형성하게 된 것이다.

제5장 집단의 구조적 특색

1. 집단의 내부구조

'종적' 집단은 밑바닥이 없는 삼각관계

집단의 구조가 강력한 '종적'인 선(線)의 기능에 그 기반을 두고 있다는 것은, '횡적'인 선 또는 '종적', '횡적' 양쪽의 기능을 갖는 집단과는 구조적으로 현저한 차이를 보이고 있다.

먼저 이것을 각각 X(종적), Y(횡적)라는 구조가 다른 두 집단에 의해 설명하면 다음과 같다. 두 집단 모두 같은 수의 개인들로 구성되었다는 가정하에, 그 수를 추상화한 a, b, c의 세 점에 의해서 표시하면 [도표 3]과 같다. 즉 Y의 경우에는 세 점의 관계가 삼각형을 구성하는 것에 비해서, X의 경우에는 저변이 없는 삼각관계가 된다.

나아가 이 양자의 구성을 좀더 복잡하게 만들어 보면, [도표 4]와 같이 되는데, 그 차이는 한층 더 분명해진다. 이 양자의 구조차이는, 먼저 X의 구성원은 a를 정점으로 해서만 전원이 연결되는 데 반해, Y의 경우에는 모든 구성원이 서로 연결되는 것이다. 두번째로, X의 구조는 늘 외부를 향해 개방되어 있는 데 반해서 Y는 봉쇄

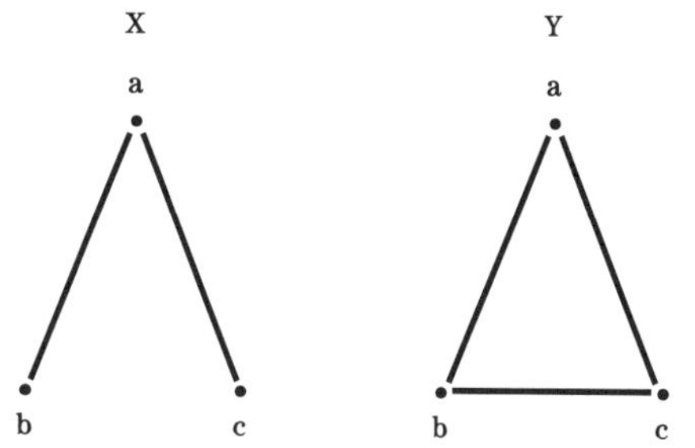

[도표 3]

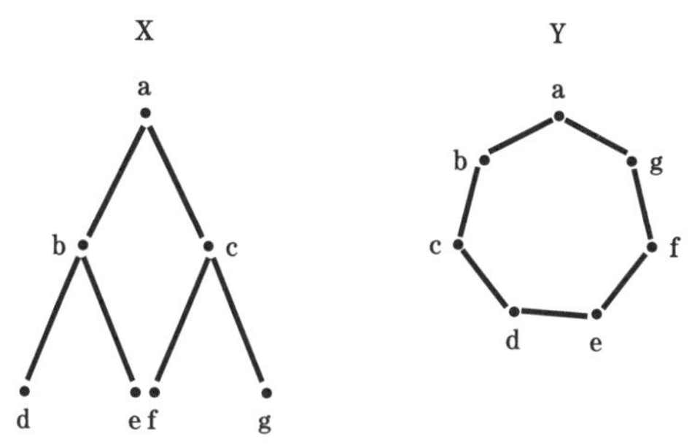

[도표 4]

되어 있다.

즉 만일 여기에 새롭게 h가 들어오는 경우, X의 경우는 이론적으로 a, b, c, d, e, f, g 중 어느 하나에 연결됨으로써 X의 성원이 될 수 있다. 그런데, Y의 경우 h의 참가는 모든 구성원에게 영향을 미친다.

'종적' 집단의 가입조건

실제의 예를 들어 설명하면 다음과 같다. h가 X집단에 들어갈 때는 구성원의 누구인가 한 사람(예를 들면 b)과 긴밀한 관계를 설정하고, b 이외의 다른 구성원에게 의뢰함으로써 들어갈 수 있다. 다른 구성원은 h를 전혀 알지 못한다 하더라도 b의 특별한 희망이니까 하며 h의 입회를 인정하게 되는 과정을 밟는다. 그것은 h 자신의 문제라기보다는 b의 문제로서 취급되고, 현재 이 X집단에서 당당한 구성원의 권리를 갖고 있는 b의 희망에 다른 기존 구성원들이 반대한다는 것은 대단히 예외적인 경우가 아닌 한 일어날 수 없다.

이렇게 해서 점차로 구성원이 증가해 가면 그 결과 X집단의 구성은 [도표 5]와 같이 여러 가지 변형을 가질 수 있게 되는 것이다.

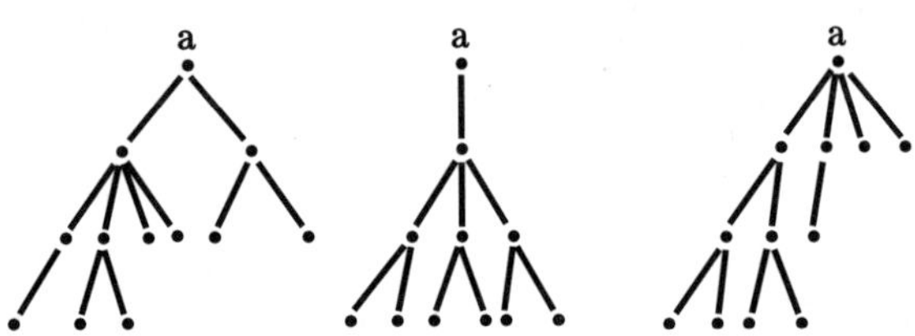

[도표 5]

'횡적' 집단의 가입조건

이에 비해 Y의 경우, h의 입단은 전원의 승인을 필요로 한다. 회원의 승인이라는 것은 여러 가지 형태를 취할 수 있는데, 가장 대표적인 것은, 그때그때 상담을 통해 승인을 얻는 것보다는 집단구성원에 관한 규칙이 명확하게 규정되어 있어서 그 규칙에 h가 합당하면 자동적으로 입회가 가능하게 되는 경우이다. 이 규칙에 의해 구성원의 자격이 확실히 결정되어 있는 경우는, 예를 들면 '같은 父系에 속하는 사람'이라는 결정적인 규칙에 근거한 사람, 또 같은 종교, 주의를 신봉하는 사람 등이다. 이와 같이 Y의 경우에는 X와 같이 구성원간의 개인관계에 의해 집단이 구성되어 있다기보다도 인간 이외의 것, 즉 규칙이라든가 자격이라는 것에 의해 집단이 구성되어 있다. 따라서 [도표 4]의 Y는 [도표 6]과 같이 나타낼 수 있다.

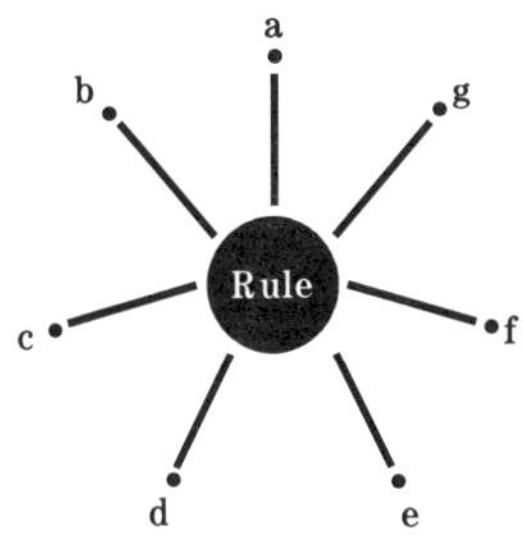

[도표 6]

이와 같이 성립된 집단에서는, 개개의 성원은 거기에 직접 연결되는 인간관계에 충실하는 것이 아니라, 집단의 규칙 자체에 충실함으로써 집단구성의 기반이 성립되고 있다.

또 Y집단의 경우, 회원 전원의 승인을 그때그때 필요로 하는 예로서, 다음과 같은 것을 들 수 있다. 영국 신사들로 구성된 특정 집단의 경우와 같이 h의 입회에는 Y집단의 두 사람의 추천을 필요로 하고, 나아가 그 추천에 근거해 투표에서 전원의 찬동을 받았을 때, 비로소 그룹의 구성원이 될 수 있다(한 사람이라도 반대표 또는 무효표가 나오면 들어갈 수 없다).

또 리더와 구성원간의 약속(기간, 조건 등)에 의거하는 경우도 있다. 리더도 구성원도 그 약속을 위반하면 회원권을 상실한다. 이것 역시 집단구성원이 일정한 규칙을 갖고 집단을 구성하고 있다는 의미이다.

개방적인 '종적' 조직, 배타적인 '횡적' 조직

h의 입단에 관해 X와 Y의 경우를 비교해 봄으로써 분명해진 것과 같이, X집단은 늘 외부를 향해서 그 하부가 개방되어 있는 데 반해, Y집단은 오히려 배타적이다.

그러나 Y의 경우 일단 구성원으로 참가하면, 신참자라도 다른 구성원과 완전히 동등할 수 있다. 또 내부에서 구성원 개인의 위치는 교체 가능하며, 집단구성원의 증감에 관계없이 일정한 집단구성의 형식을 계속해서 유지할 수 있다.

한편 X집단에 개인이 참가할 경우 특정 구성원과의 관계설정(그리고 그 시기)이 그대로 조직으로서 정착해 버린다. 따라서 개개의 구성원이 조직에서 차지하는 위치는 교체 불가능하기 때문에 탄력성 없는 구조가 되어 버린다. 그리고 이 고정적인 조직이 그대로 서열을 만들어 고참은 힘을 갖고 신참자는 늘 제일 손해보는 입장에 서게 되므로 같은 집단구성원이면서도 필연적으로 불평등성이 존재한다.

X와 Y는 집단 내부의 구성원의 자리매김이 기본적으로 다를 뿐만 아니라, 리더(a)의 의미가 매우 다르다.

Y에서 a의 위치(및 각 구성원의 위치)는 다른 구성원에 의해서 대체될 수 있다. 다시 말하면, 특정 개인 a가 없어도 이 집단조직은 그대로 존속할 수 있다.

그러나 X의 경우 a는 그 조직의 초석이 되어 있으므로, a가 없이 다른 구성원만으로는 도저히 집단조직을 구성할 수 없다.

여기에 리더십의 성격에 관한 중요한 문제가 있다. 이하에서 리더십과 관련해서 특히 X의 경우를 중심으로 서술하겠다.

2. 일본적 집단의 약점과 강점

리더는 한 사람으로 한정되고 교체가 불가능

먼저 주목해야 하는 것은 X의 경우 리더의 교체가 아주 불가능한 것은 아니지만 대단히 곤란하다는 것, 그리고 동시에 리더는 늘 한 사람으로 한정되어 있다는 것이다. 이 구조에서는 두 사람이 결코 동렬 내지는 같은 위치에 설 수 없다.

나아가 리더와 다른 구성원과의 관계가 꼭 동질의 것만은 아니다(이하 도표 4의 X참조). 리더 a와 b(또는 c)의 관계는 a와 d(또는 a와 e)와의 관계와 같지 않다. d나 e는 b를 통해서만 a에 연결된다. 즉 a-b관계가 깨지면 필연적으로 d나 e도 a와 관계가 끊어지는 것이다. a의 d(또는 e, f, g)에 대한 지배는 b나 c를 통해서만 가능한 것으로, a-b관계에 있어서 a가 b에 대해 우세하면 할수록 d와 e에 대한 지배를 강화할 수 있다. 반대로 a가 b에 대해 약할 경우에는 a의 지배는 d나 e에 관철되지 않는다. 따라서 이 집단구조의 핵은 a-b, a-c의 관계에 있다. 이 관계가 깨지면 집단은 필연적으로 내부분열을 일으킨다.

따라서 X에서 리더 a의 존재(및 a-b, a-c관계)는 Y에서 a와 비교가 안 될 정도로 집단유지에 중요한 의미를 가지고 있다. 아무리 결속력이 높고 형제애가 돈독한 집단이라 하더라도 갑작스런 리더(대오야붕)의 죽음은 치명적인 것으로, 필연적이라고 해도 좋을 만큼 집안싸움을 일으키게 된다. 집단의 리더, 즉 대오야붕이 죽으면 집단이 많은 소집단으로 분열하거나 붕괴되어 버리는 현상이 자주 나타난다.

과거 일본군의 경우 실전에서 나타나는 약점은 실전의 단위인 소대의 소대장이 전사했을 때였다고 한다. 소대장의 전사에 의해 조직의 중추를 잃어버린 소대는 오합지졸의 무리가 되기 쉽고, 전력과 사기가 일시에 떨어진다. 그러나 영국군이나 미군의 경우는 곧 소대원 중에서 다음 소대장이 나와 최후의 한 사람이 될 때까지 소대의 통제가 흔들리지 않는다는 것이다.

삼각형의 밑바닥이 없다, 또는 언뜻 보면 있는 것같이 보이지만 그 관계가 거의 기능을 하지 못하고, a 없이는 b와 c의 관계가 유지되지 못한다. 또 유지할 수 없을 뿐만 아니라 오히려 적대관계에 서기 쉽다는 사실까지도 말할 수 있다. 이미 오래 전에 법연상인(法

然上人: 일본의 高僧 — 역자주)은 이 점을 간파한 듯이 그 자신이 없으면 왠지 제자들 사이가 좋지 않고 싸움이 벌어지기 쉽다는 것을 깨닫고, 제자들을 향하여 "너희들은 같이 있지 말고 떨어져 있어라"고 말했다고 한다.

파국의 결과는 '탈취'나 '분열'

집단조직의 파국은 리더 a의 죽음(또는 부재)에 의한 것뿐만 아니라, a-b, a-c의 관계가 파국에 이름으로써 일어난다. 예를 들면, b가 많은 꼬붕을 거느림으로써 집단활동을 좌우할 정도로 힘을 갖게 된 경우, c가 위험을 느껴서 a에 보다 접근함으로써 a-b의 관계에 긴장이 생긴다든지 하면 점차 위험한 상태가 된다. 이렇게 해서 a가 있음에도 불구하고 내부분열이 일어날 수 있다.

이러한 상태는 완전한 파국으로 수습될 수 없는 상태가 된다. 왜냐하면 b가 a, 또는 c와 제휴한다는 것은 일어날 수 없기 때문이다. 이것은 당사자가 도량이 없어서라든가 감정적이라서뿐만 아니라 두 사람 이상의 개인이 동렬에 설 수 없는, 즉 리더의 지위에는 단 한 사람밖에 설 수 없다는 구조적 제약에 의한 것이다.

이 파국적 상황의 결과는, 이 집단에서 a(보통 c를 동반한다)를 제외하든가(이것이 즉 '지배인에게 가게를 빼앗겼다'라는 것이다), 아니면 b가 그 일족랑당을 이끌고 새롭게 독립집단을 만들어 나가든가(이것이 소위 '분열'이다), 둘 중 하나의 길만 있을 뿐이다.

늘 당 안에 당의 형성과 분열의 위기

X의 구조를 갖는 집단은 파국에 이르지 않더라도 그 구조 자체에 늘 분열의 위험성을 가진다고 할 수 있다.

왜냐하면 앞에서도 말한 바와 같이 집단구성원간의 결합은 직접적으로 연결되는 사람과의 관계가 다른 관계보다 압도적으로 강하다는 관계의 불평등성이 있기 때문이다.

[도표 4]의 X의 경우, a-b, b-e의 관계는 b-c의 관계와 비교가 안 될 정도로 강하기 때문에 같은 집단 X 안에서 b, d, e는 하나의 그룹을 형성하고, 마찬가지로 c, f, g도 별개로 하나의 집단을 형성하고 있는 것으로, 즉 그 집단구조 자체가 당 안에 당을 만들고 있다고 말할 수 있다. 다시 말하면 집단조직이 그 구성원의 개개인을 기반으로 성립해 있기 때문에 개개인의 인간관계가 그대로 집단조직의 존재양식을 결정해 버리는 것이다. 따라서 집단의 생명이 그만큼 현실의 인간관계에 좌우되기 쉽다고 말할 수 있다.

이에 반해, 집단의 생명이 인간 이외의 규칙이라는 것에 있는 Y 집단은 구성원의 직접적인 인간관계 또는 힘관계에 집단의 생명이 영향받지 않는다는, 집단으로서의 강함 내지는 안정성을 갖고 있다. 즉 X집단과 비교해 당 안에 당을 만든다든가 분열이라든가 하는 위험성은 훨씬 적다. X집단에 있어서 a가 정신적으로나 육체적으로 건재해서 집단구성원간의 인간관계가 잘 융합되어 나갈 경우, 당 안에 당을 만드는 경향은 작아지지만, 일단 리더와 구성원 및 구성원 간의 균형이 깨지면 이 당 안에 당을 만드는 구조가 현저해져 파국을 재촉하는 결정적인 요인이 되는 것이다.

예능계의 본가(本家)싸움이라든가 폭력단 내의 싸움 등은 이 내부구조를 잘 반영하고 있다.

그러나 균형이 깨지지 않더라도 집단이 커지면, a의 지배는 말단으로 감에 따라 약해지고 그 대신에 여러 개 당 안의 당이 형성된다.

즉 그 전형적인 것이 관료적 기구에서 보이는 당파주의이다. 이런 의미에서 당파주의는 일반론으로 집단이 크게 되면 될수록 또 오래 되면 될수록 강하게 되는 것이라고 말할 수 있다.

일본의 근대화 달성에 커다란 역할

관료조직은 근대에 제도화된 것이지만, 오야붕, 꼬붕에 의해서 상징되는 일본의 토착조직과 원리적으로 그 구조를 같이하고 있다.

따라서 여기에서 분석하고 있는 일본적인 집단구조는 봉건적이라든가 전근대적인 것으로 일축할 수 있는 것이 아니라, 그 원리는 어떤 의미에서 근대적이고 대단히 효율성이 있는 조직방법이라고도 말할 수 있다.

실제로 일본인이 눈부신 근대화를 이룰 수 있었던 원인의 하나는, 이 '종적'으로 연결되는 X구조를 백퍼센트 살려서 활용했다는 데서 찾을 수 있을 것이다. 이 조직구조의 장점은 리더에서 말단구성원에 이르기까지 명령전달이 대단히 신속하게 행해질 수 있다는 것, 그리고 동원력이 풍부하다는 것이다.

실제로 일본인은 일에서 이와 같이 조직화된 인간을 대량으로 사용하는데, 그 '종적'인 연결의 우수성, 동원의 신속함은 다른 조직과 비교하기 힘들다고 생각된다.

나아가 이 집단의 행동을 세밀히 분석해 보면 집단의 의견통일이 이루어지기 쉽다는 것 그리고 그것이 대단히 신속하게 가능하다는 특징이 있다. 의견조정에 서열이 사용되기 때문이다.

집단구성원간에 의견의 불일치가 있을 경우, 집단이 행동을 일으키기 전에 충분한 시간이 있으면(특히 현재의 일본적 민주주의가 성황하는 시대에는) 상당히 활발한 토론도 있고 제멋대로의 의견이 나오기도 하지만, 집단으로서의 행동을 신속히 일으키지 않으면 안 되는 상황에 직면할 때, 언제나 집단의 서열에 의한 힘관계가 우선하여, 조직의 하부에 위치한 사람의 의견보다 상층부의 의견이 취해지고, 토론의 여지없이 집단의 핵을 장악하는 상부(리더 또는 그것에 직속하는 간부 구성원)의 의견에 의해 주도되는 것이다. 이렇게 해서 행동에 옮기기 전에 집단의 '의견일치'라든가 '사상통일'이 가능하다.

이상적으로 기능했을 때 비교할 수 없는 강점

이와 같은 서열이 없는 집단의 경우 개개의 구성원의 의견이 같은 무게를 갖고 강하게 나오기 때문에, 논리적 과정을 거치지 않고서는 의견 불일치가 클 경우 집단의 의사결정을 잘 할 수 없다.

따라서 신속하게 행동을 취하기가 어려운 경우가 많고, 집단의 '사상통일'이라든가 '의견일치'를 보지 못한 채 행동을 취하는 경우도 있으며, 대외적으로는 집단행동력이 약해진다.

어쨌든 X구조로 대표되는 일본적인 집단의 경우, 리더에게 우수한 권력이 있든 없든 상관없이 매우 민첩하게 일이 돌아갈 수 있는 것은, 사실 이 조직의 존재에 달려 있다.

나아가 이 조직은 a라는 정점을 갖고 있기 때문에, 또 '종적'으로 연결하는 개개의 인간관계가 직접적이고 정서적인 요소가 강하기 때문에, 이상적으로 기능했을 경우 에너지의 결속력과 동원력은, Y의 그것을 능가할 수 있고, 바로 여기에 기능집단으로서의 강점이 있다.

한편 X집단의 약점은 '횡적'인 관계가 작용하기 어려운 데 있다. 당파주의가 많은 병폐를 가지고 있음은 여기서 새삼 재론할 필요가 없을 것이다.

이 집단조직 구조에서는 필연적으로 운동방향이 '종적'으로 되기 때문에 '횡적'인 연락과 조정이 아주 어렵다. 이 집단의 기능 발휘는 '종적'인 선을 충분히 사용해야 하기 때문에 '횡적'인 연락과 조정은 필연적으로 그 기능 저하를 초래하게 되어 '횡적'인 관계를 억지로 기능하게 해도 구조적으로 헛바퀴가 돌 뿐이다.

3. 필연적인 파벌관계

두 집단의 합체는 늘 '통째로 들어먹는' 형

하나의 집단에도 '횡적' 연결이나 조정이 어렵기 때문에, 하나의 집단에서 분열해서 생긴 두 집단, 또는 별개로 형성된 두 집단(가령 같은 목적을 갖는 것이라 할지라도)이 제휴하여 일을 한다는 것은 현실적으로 대단히 곤란하고 구조적으로도 불가능하다.

두 집단이 하나가 된다는 소위 '합체'는, 어느쪽이든 한쪽이 다른 한쪽을 '통째로 들어먹는' 형태로밖에 이루어지지 않으며, '제휴'라는 형태는 그것을 내걸었다 해도 어디까지나 '표현'에 지나지 않는 것으로, 실제의 구조를 반영하지 않은 것이 보통이다.

이런 의미에서 일본에서는 동등(또는 동격) 한 회사간의 합병은, 상상할 수 없을 정도로 어렵다. 합병이 이루어졌다고 하더라도 어느쪽 집단(회사)의 구성원이 다른 쪽을 압도하기 쉬운, 즉 종적으로 되기 쉬운데 겉으로는 동격이기 때문에 각 집단간의 알력은 상당 기간 피할 수 없다. 합병에 의한 확집, 비애, 불쾌감은, 경험한 사람이라면 뼈에 사무치게 맛보았을 것이다.

두 개 이상의 집단이 합류해서 보다 큰 집단을 형성하는 경우의 대부분은, 합병이 아니라 계열화이다. 이것은 합병과 비교해 대단히 부드럽게 진행된다. 그 이유는 합병과 달리 기존의 집단이 그대로 테두리를 유지할 수 있고, 개개인의 일상에 이질적인 것이 침입하지 않기 때문이라는 것과, 또 하나는 종적인 관계에 의해 집단과 집단이 연결되기 때문이다.

다른 집단의 조정은 왜 곤란한가

X집단의 경우 내부의 '의견일치'는 앞에서 말한 바와 같이 신속하고 용이하게 달성될 수 있으나, 다른 집단간에는 종적으로 연결되지 않는 한 그것은 지극히 어려운 일이다.

두 집단을 연결하는 '종적'인 선이 없는 경우, 양쪽 다 각각의 집단이익을 최대한으로 주장할 뿐으로 그것을 절충하기 위한 조정작용이 전혀 제 기능을 하지 않으며, 또 각각의 대표 또는 리더가 자기집단의 이익을 다소 양보해서 조정하려고 하는 객관적인 입장에 서기 어렵다. 그 이유는 그들이 구조적으로 서로 다른 구성원에 의해 받들여지고 있다는 점이다.

리더의 권위는 절충의 성공에 있다기보다, 집단이익을 최대한으로 표방하여 집단구성원의 뜻을 충분히 대표하는 것으로서, 만일 이것에 실패하면 자기자신의 존립 자체가 위험하게 되는 입장에 서게 된다.

바로 여기에 다른 집단과 의견통일이 어려운 이유가 있다. '종적'인 절충은 어떤 의미에서 단순히 귀착되기 쉬운 데 반해, '횡적'인 절충이 이렇게 어렵다는 것은 X집단적인 구조를 가진 사회에서 '횡적'으로 작용하는 메커니즘이 없고, 만일 있다 하더라도 그것이 기능하기 어렵다는 데 그 이유가 있을 것이다. 이것은 동시에 '종적'인 절충도 '횡적'인 절충도, 실은 '논리'가 중요시되고 있지 않다는 것을 지적할 수 있다. 논리를 대신해 여기서 등장하는 것은 '힘의 관계'인 것이다.

파벌싸움을 부르는 메커니즘

같은 정당 안에서 몇 개의 파벌이 만들어져(당 안의 당을 만든다는 것이 가장 좋은 예), 모두 같은 주의를 표방하고 있음에도 불구하고, 일정한 일을 단결해서 당으로서 수행할 수 없게 된다든지, 파벌싸움으로 정치가 왜곡되고 정당의 목적에 위반되는 사태까지 일으키고 마는 것은, X라는 집단구조의 약점을 유감없이 드러내는 것이다.

이와 같은 메커니즘은 보수당뿐만 아니라 좌파에서도 또한 학생운동에서도, 나아가 정계의 파벌을 최대의 악덕으로 규탄하는 일반 사람들이 속한 단체들에서조차도 많든 적든 찾아볼 수 있다.

물론 일본의 모든 집단이 꼭 X의 구조를 기본으로 하는 서열적인 조직을 언제나 가지고 있는 것은 아니다. 그러나 중요한 것은 집단의 기능이 강해질수록 그 방향으로 인간관계가 구축되는 구조를 내포한다는 것이다. 필자가 본 바로는, 일본의 모든 사회집단에 이 공통의 구조(인간관계 설정의 기본 원리)가 잠재해 있다고 생각된다.

비난받는 파벌, 오야붕, 꼬붕관계

사회집단의 존재를 가능하게 하는 최저의 조건이 되는 테두리란, 농촌의 경우라면, 작게는 '이에(家)'에서 '구미(組)'(근린기능집단), '무라(村)'라는 것이고, 근대적인 것으로서는 관료조직, 회사조직 등이다. 이러한 테두리 내에서 종종 밖에서는 '보이지 않는' 조직으로서 저변이 없는 삼각관계가 복잡한 형태를 띠면서 존재하는 것이 보통이다.

이러한 테두리 또는 '보이는' 조직 중에 있는 '보이지 않는' 조직의 기능은 소홀히 하기 어려우나, 그 기능의 저하가 집단구성 전체의 와해로 연결될 위험성은 없다. 이에 반해, 테두리를 가지지 않거나 또는 가졌다 해도 그것이 매우 약한 경우에는 '저변이 없는 삼각관계' 조직에 집단의 생명이 걸려 있으므로 필연적으로 이 조직이 강조되면서 맹위를 떨치는 것이다.

즉 정치가의 세계, 깡패들의 세계가 그 전형적인 것이며 또 불안정한 소자본에 의한 집단의 경우에도 이 점은 현저하게 나타난다. 이것이 종래의 오야붕, 꼬붕, 파벌의 이름 아래 봉건적이라든가, 악덕으로 지목되어 비난의 표적이 되고 있다.

제6장 리더와 집단의 관계

1. 제약받는 리더십

리더와 직속 간부구성원의 관계

일본적 집단의 내부구조를 앞에서 고찰했는데, 여기서는 리더에 초점을 맞춰서 그 실태를 분석해 보자.

첫째로 지적할 수 있는 것은 이러한 내부구조를 갖는 집단조직에서는 리더십이 대단히 제약을 받는다는 점이다. '오야붕'은 대단한 권력을 갖고 있는 것 같지만, 사실은 다른 사회의 리더에 비해 리더로서의 권한을 많이 제약받고 있다.

그 원인 중 하나는, 앞 장에서 서술한 X집단의 구조에서 리더는 모든 구성원을 직접적이 아닌 대부분 리더에게 직속해 있는 간부들을 통해서 파악한다는 점이다. 이것은 리더에게 직속하는 간부구성원의 발언권을 극히 강하게 만들어 주며, 경우에 따라서 리더는 두 사람 이상의 직속 간부구성원의 조정역할을 하게 된다.

이들 간부구성원은 어떤 의미에서 각각 자기 지배 밑에 있는 구성원의 이익을 대표하는 존재이기 때문에, 그들 사이에는 상당히 긴장스러운 역학관계가 성립하게 된다. 이러한 메커니즘이 리더에게 종종 영향을 주어, 리더는 그 역학관계의 조정에 상당한 에너지를 쓰지 않을 수 없다.

제약에 고삐를 매는 정서적인 관계

더욱이 이 리더와 직속 간부구성원과의 관계는(그 외의 구성원 모두에게도 해당하는 관계이지만), '종적'인 직접적 인간관계이기 때문에, 그 결과로 초래되는 정서적인 요소에 의해서 유지되는 것이다.

'종적'인 정서적 관계는 동질적인 것(형제나 동료관계)으로 형성되는 '횡적'인 관계보다 더욱 역동적인 연결방식을 취한다. 오래된 표현을 빌리면, 보호는 의존에 의해서 응답되고 온정은 충성에 의해서 응답된다. 즉 등가교환이 아니다.

이 때문에 '횡적'인 관계의 경우보다 한층 더 정서적인 요소가 증대되기 쉽고 그것에 의해 개인은 더욱 제약받는다. 이 관계는 아랫사람(꼬붕)을 속박할 뿐 아니라 윗사람(오야붕)도 속박하는 것이다. '온정주의'라는 말로 표현되는 꼬붕에 대한 정서적인 배려는 늘 꼬붕에 대한 이해를 전제로 하기 때문에 꼬붕의 말, 희망을 상당히 많이 들어 주지 않으면 안 된다.

행동의 결정은 직속 간부와의 역학관계로

이상과 같이 구조적, 정서적으로도 리더는 제약을 받는다.

따라서 일본적인 리더는 아무리 능력이 있어도 다른 사회의 리더와 같이 자유롭게 자기 집단구성원을 움직이며 다른 구성원의 강한 의향을 누르면서까지 자기의 계획을 추진하는 것은 불가능하다. 따라서 크게 지도력을 발휘할 수 없을 뿐만 아니라 대승적인 견지에서 보다 큰 목적에 맞는 리더십을 발휘하는 것도 어렵다. 행동의 결정은 종종 직속 간부의 역학관계, 리더와의 인간관계에 좌우되는 경우가 많다.

거기에서 리더는 자유롭게 간부를 조정하기는커녕 그들에게 끌려다니는 격이 되어 버린다.

따라서 리더로서 당연히 가져야 할 지도력조차도 갖지 못한 리더가 적지 않다. 당파주의라든가 파벌이 위세를 떨치는 것은 사실 리더의 지도력 결여에서 오는 것이 많다.

다시 말하면 리더의 권한은 대단히 작다. 이 경향은 전후 일본적 민주주의에 의해서 더욱 조장되고 있다. 현대 일본 사회에는 결단을 내리지 못하는 리더가 얼마나 많은가. 그들은 결단을 강요당하는 상황에 부닻히면 종종 인간적으로 가장 친근한 관계에 있는 직속 간부와 상담하여 조언을 받고 결단하는 것이 보통이다.

때로는 '원맨'이라고 불리는 리더가 종종 나타나는데, 이것은 직속 간부와 상대적인 역학관계에서 리더가 압도적으로 우세하고 그 인간관계에서 리더가 충분히 자신을 갖고 있는 경우에 한정된다. 그러나 그렇다고 해도 다른 사회에서 볼 수 있는 지도력과 비교해 볼 때, 리더로서의 자유를 충분히 향유하고 있다고는 결코 말할 수 없다.

리더는 집단의 일부분에 불과하다

일정한 분야에서 특정 집단이 압도적으로 우세할 경우, 그 리더가 사회적으로 주목되어 각광을 받는다. 그러나 외부 사람들이 생각하는 것만큼 그 리더 개인이 권력을 갖는 경우는 드물다. 리더의 권력인 것처럼 보이는 것은 실은 집단 그 자체의 것이고, 리더는 그 대표자라고 말하는 편이 적절할 경우가 많다.

일본 사회에서 빛나는 리더는 그 리더 개인의 힘에 의해 집단을 형성하는 것이 아니라, 원래 다른 집단과의 역학관계에서 우세한 집단에서 비교적 유능한 개인이 운 좋게 때를 맞춰(앞에서 말한 바와 같이 리더의 순서는 서열에 의하기 때문에) 나왔을 때 가능하다.

즉 리더 개인의 힘보다도 내외의 조건에 의해 뒷받침되는 것이다. 도조 히데키(東條英樹: 육군대장이며 일본의 침략전쟁을 지휘한 수상으로, 도쿄 재판에서 전범으로 처형되었음—역자주)는 히틀러나 무솔리니와는 질적으로 다른 리더였고 그의 리더십은 실로 이 일본적인 사회구조에 의한 것이었다.

일본의 경우 극단적으로 말하면 리더는 집단의 일부에 불과하다. 그 때문에 리더가 집단을 자기계획에 맞춰 움직이는 자유는 대단히 제약되어 있다. 그러나 동시에 집단이 리더 한 사람에게 책임을 물어, 경우에 따라서는 그를 차갑게 잘라 버릴 위험성도 없다.

2. 권위주의와 평등주의의 역학관계

여기에 독단과 권력의 부당행위

이 같은 입장에 처한 일본의 리더가 무리해서 리더십을 발휘하려고 하면, 대개의 경우 강권발동의 형식을 취한다. '원맨'이라고 불리는 리더를 비롯하여 전전의 많은 리더들이 취한 방법이다. 이 경우 일반적으로 나타나는 것이 리더의 독단적인 결정과 권력의 부당한 행사이다.

리더의 능력이나 인격이 대단히 훌륭할 경우, 보통의 일본적 리더보다도 이쪽이 훨씬 훌륭한 일을 할 수 있고 공헌도 크지만, 그러한 자질을 가지지 못한 리더의 경우에 그 리더십은 집단에 있어서 비극이며 사회적인 병폐를 초래하는 것이다.

일본의 리더십이 왜 서구 근대적인 리더십의 형태를 취하지 않고, 아래로부터의 역학관계에 좌우된다든가, 반대로 강권발동이라는 형식을 취하게 되는가는 한 번 생각해 볼 문제이다. 언뜻 보기에 상반되는 리더의 두 가지 형태는 동일한 구조를 기반으로 하는 평균대게임에서 그 균형 여하에 달려 있다. 즉 리더와 부하의 상대적인 역학관계에 의해 리더의 존재형태가 결정되는 것이다.

이 양자의 접점으로서 어떠한 규칙도 존재하지 않기 때문에, 상대적인 조건에 따라 어느쪽이 우세하게 된다. 특히 현대 일본과 같이 소박한 민주주의(평등주의)적인 신념이 사회에 유포되어 있으면, 일반적인 경향으로서 아래쪽이 당연히 강하게 되기 때문에 리더는 점점 약하게 된다. 따라서 이 일본적 경향은 전전과 비교해 볼 때 더욱 조장되었다고도 말할 수 있다. 전전과 전후를 통해서 집단구조 자체, 즉 리더와 부하와의 기본적 관계는 전혀 변하지 않았다는 것이다.

부당한 평등주의도 또 여기에

근대 서구적 리더십에서는 무엇보다도 리더와 부하 사이에 약속이 있고, 그 규칙에 의해 일정한 미팅 포인트(접점)가 결정되기 때문에, 어느쪽도 일정한 힘 이상을 행사할 수 없고 동시에 일정 한도 내의 권력행사가 허락되고 있다.

일본적인 표현으로 하면, 이 역학관계에서 상부가 강하게 되면 '권위주의'이고 하부가 강하게 되면 '민주주의'이다. 전자는 전전에 많았고 후자는 전후에 많다. 어느쪽도 양자간의 약속에 의한 접점이 설정되어 있지 않다는 점에서, 병폐가 심각하다.[1)]

---

1) 전전이나 전중에도 집단 내부를 보면, 특히 리더와 직속 간부와의 관계는 오늘날의 그것과 거의 기본적인 구조는 같은데, 예를 들면 직속 간부에 의한 압력 등은 군 상층부에서 종종 보였다. 전전의 권위주의라고 불리는 것은 오히려 특권을 가진 유력집단의 구성원이 보다 약소한 집단의 사람들에 대해 행동할 때 특히 현저하게 나타났다고 할 수 있다.
예를 들면 관료와 민간인의 경우처럼, 이것은 민주주의가 표방되는 오늘날의 여러 현상에 비추어 보면 대단히 흥미 깊은 반응으로 볼 수 있다.
행정관들이 역할상(또는 개개의 집단의 민간인보다 미래를 전망할 힘이 있다는 특전도 있어서), 어떻게든 조금 통제하지 않으면 안 되겠다고 하여 어떤 안을 내려고 하면, '관료통제', '헌법위반', '권위주의'라는 무서운 말로 되돌아온다. 민간도 어떠한 일이 있어도 저 악몽을 절대로 되풀이하지 않겠다고 필사적이다. 그러나 어떤 방법에 의해 조정을 하지 않으면 안 되는 것이 현실이다.
왜 양자가 냉정하게 상담해서 쌍방이 납득할 수 있는 규칙을 만들고, 그것에 따르려고 하지 않는가. 서로의 편의를 도모하고 서로가 어느 정도 구속되는 규칙을 만들어도 좋음직하다. 지금까지는 양자는 '규

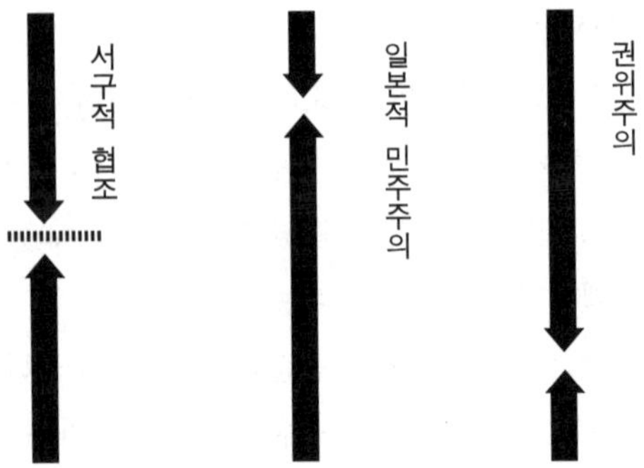

[도표 7] 리더(상)와 집단구성원(하)의 역학관계

전전이나 전후를 막론하고 일본의 모든 집단을 보면, 전반적으로 리더의 권력발동은 특정 분야, 특정 조건에 한정되고 전체로서는 앞서 말한 바와 같이 리더십은 집단 전체에 의해서 대단히 제약된다고 말할 수 있다. 다시 말하면 일본적 사회집단에서는 조직이 개인에게 우선한다고 말할 수 있다.

이것은 나아가 리더(또는 위에 있는 사람)에 대해 부하의 힘이 강하다고 말할 수 있을 것이다(이러한 사회이기 때문에 민주주의가 지나

칙은 관료가 만드는 것, 관료에게 유리한 것'이라고 서로 믿고 있는 것 같다.

어쨌든 통감하는 것은 '권위주의'가 악의 근원도 아니며 '민주주의'가 혼란을 일으키는 것도 아니다. 그것보다도 가장 근저에 있는 일본인의 습성으로서 '사람'을 따르고(사람을 이끌고) 영향을 받을지언정(영향을 줄지언정) '규칙'을 설정하여 그것에 따르는 전통이 없는 사회가 가장 커다란 암적 존재이다.

쳐서 진정한 민주주의와 다른 평등주의가 맹위를 떨치게 되는 것이다).

3. 리더의 자격

일에 대한 능력은 오히려 마이너스

리더십에서 보이는 상하관계의 특질은 일본에 잘 발달되어 있는 소위 '품의제(稟議制)'(관청, 회사 등에서 회의를 열 정도로 중요하지 않은 사항에 대해 주관자가 결정안을 만들어 중역들, 관계자들에게 회부하여 승인을 구하는 것 – 역자주)라는 것에서도 잘 나타나 있다. 윗사람의 발상을 아랫사람에게 강요하는 것이 아니라, 반대로 아랫사람이 상사에게 의견을 개진하여 받아들이게 한다. 이것은 관료기구를 통해 정치를 한다는 면에서도 보이고, 기업에서는 종업원의 창의를 활용한다는 점으로 나타난다.

이것을 충분히 활용하면, 극단적으로 말해 위에 있는 사람은 바보여도 좋다는 것이 된다. 사실 이것이 연공서열체계가 그리 큰 불편을 초래하지 않는 이유의 하나이기도 하다. 그리고 또 실력도 수완도 없어 어느 면으로나 윗사람으로 적합하게 보이지 않는 인물까지, 모두 ○○長이라는 지위에 이상할 정도로 오르고 싶어하고, 사실 그러한 인물이 ○○長이 되어도 그런 대로 꾸려가는 것을 보면, 리더의 자격이 꼭 그 개인의 일에 대한 능력에 있는 것이 아님을 입증하고 있다.

실제로 위에 서는 사람, 오야붕은 오히려 천재가 아닌 것이 좋다. 그 자신이 머리가 너무 좋다든가 수완이 좋아 일을 너무 잘 한다는 것은 아랫사람, 즉 꼬붕에게 그의 존재이유를 감소시키기 때문에 오히려 좋지 못한 결과가 된다. 꼬붕은 오야붕에게 의존함과 동시에 오야붕이 꼬붕에게 의존하기를 늘 바라고 있다. 오야붕이 하는 것, 생각하는 것은 모두 꼬붕에게 이해되고 납득될(그 나름대로의 방법에 의해서라도) 필요가 있다.

천재적인 능력보다도 인간에 대한 이해력, 포용력을 갖는다는 것이 무엇보다도 일본 사회에서 요구되는 리더의 자격이다. 아무리 권력, 능력, 경제력을 가진 사람이라도 꼬붕을 정서적으로 파악하고 그들과 밀착함으로써 '종적'인 관계로 연결되지 않는 한, 좋은 리더는 될 수가 없는 것이다.

리더는 왜 연장자가 되는가

이와 같이 고찰해 보면, 일본 사회의 모든 집단에서 리더 또는 책임 있는 기관장이라는 지위가 왜 다른 여러 사회와 비교해 압도적으로 연장자에 의해 점유되고 있는가가 명백해진다.

'종적'인 인간관계를 전제로 하기 때문에 리더는 그 정점에 있는 사람에게 한정된다.

어느 개인이 이 정점의 지위를 차지한다는 것은, 그 집단의 현존 구성원 안에서 그가 그 집단에 가장 빨리 참가한 사람 중의 하나라는 것을 의미한다. 실제 연령에서는 다른 구성원보다 젊다고 해도 집단조직에 참가한 후의 연한이 다른 구성원보다 길지 않으면 안 된다. 따라서 집단의 역사가 길고 큰 집단일수록 리더 자신의 연령도 상대적으로 높게 되는 것으로, 이러한 집단에서는 젊은 사람은 물론 중년이라고 해도 리더나 ○ ○長의 자리를 차지할 가능성은 거의 없다.

일본 사회에서 중요한 지위를 모두 고령층이 차지하고 있다는 사실은 실로 이 메커니즘을 잘 반영하는 것이다.

일정한 조직에 속하는 일본의 남성에게 그들의 사회적 활동(권력, 위신을 갖춘)은 50대가 되어서 상승하여 그 정점은 정년 직전이 된다. 또 정년제에 제약되지 않는 분야는 모두 60대 이상으로 보아도 좋을 것이다. 이러한 의미에서 실로 일본은 노인천국이다.

조직의 정점에 있는 것이 절대조건

다른 나라였다면 그 분야의 전문가로서는 이미 능력이 쇠퇴하여 주목을 잃은 연장자가 그 분야의 권위라고 일컬어지고 각광을 받는 일은 거의 없는데, 일본에서는 그러한 일이 있다. 이것은 일본 사회가 아니면 볼 수 없는 현상이다. 그러나 이 노인천국은 결코 일본의 경로정신에서 연유한 것이 아니다. 그것은 그가 자기 밑에 얼마만큼 많은 꼬붕을 거느리고 있는가, 그리고 얼마나 능력 있는 꼬붕을 데리고 있는가라는, 조직에 의한 사회적 실력(개인차가 아니다)에서 나오는 것이다.

만일의 사태가 발생했을 때, 동원할 수 있는 행동대를 가지고 있지 않으면 아무리 연장자라고 하더라도 사회적 실력을 가질 수 없다. 행동대도 없고 지위도 없는 노인이 일본 사회에서 얼마나 냉대를 받는지 생각해 볼 필요가 있다.

또 '종적'인 조직의 정점에 위치하지 않는 한 아무리 능력이 있는 개인이라도 그 집단의 대표가 된다든지 리더가 되는 것은 불가능하다. 만약 되었다 하더라도, 그 집단 내의 '종적' 조직 안에서 자기 밑에 직속하는 부하를 동원하는 것 이외의 일은 불가능에 가깝다. 예를 들어 [도표 8]에서 그 집단구성원인 c가 대단히 능력도 있고 리더십도 있다고 하자. 그러나 일정한 일, 일정한 기간에 한해서 그가 이 집단의 리더의 위치에 있다고 할지라도, 그의 동원력은 그에게 직속하는 불과 6명에 지나지 않는다. a뿐만 아니라 b와 d, 그리고 그 부하를 실제로 움직이는 것은 c에게는 대단히 곤란한 일이고, 사실 a가 리더가 아닌 한 그들은 협력하지 않으려고 하는 것이 보통이다.

여기에서 c에게 가장 좋은 방법은 같은 능력을 사용한다 할지라도, a를 일단 리더로 내세워 두는 것이다. 그럼으로써 b와 d, 그리고 그 부하들의 협력을 얻어 일을 수행하는 방법이다.

이와 같이 집단조직의 정점에 위치하지 않는 한 아무리 능력이 있어도 c와 같은 사람이 리더가 되는 것은 이 동원능력의 면에서 커다란 핸디캡을 갖지 않을 수 없으므로 결국 성과를 올리지 못하게 된다.

집단에서 기성의 조직력이 놀라울 정도로 강하게 구성되는 조직을 변경한다는 것은 집단의 붕괴 없이는 거의 불가능하다. 그리고 집단구성원의 행동력은 완전히 기성조직을 전제로 하고 있다는 것을 잊어서는 안 된다. 따라서 이 메커니즘에서는 사실상 그 집단의 존속을 전제로 한다면, 정점에 있지 않는 한 개인은 리더가 될 수 없다.

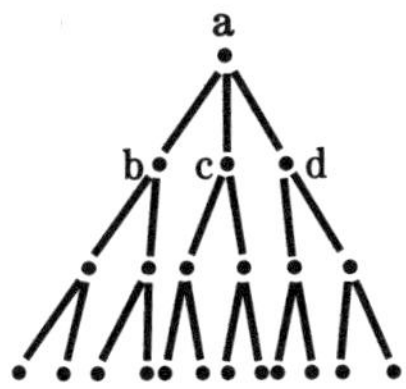

[도표 8]

개인 플레이가 압도적으로 기능하는 극히 제한된 분야 이외에는 아무리 개인이 능력을 갖고 있어도 정점에 있지 않는 한 명실공히 빛나는 활약을 하는 것은 불가능하다. 능력이 뛰어난 젊은이나 중년층에게는 참으로 유감스러운 메커니즘이다.

집단의 실력은 그 내부사정에 의해서

그러나 이들 능력 있는 사람들이 커다란 욕구불만에 빠지지 않고, 오히려 대부분의 경우 의기양양하여 직업에 종사하고 있다. 이것 역시 집단의 독특한 내부구조에 근거한다.

이 일본적 내부구조는 다른 사회의 그것과 비교하면, 어떤 의미에서 대단히 느슨하게 되어 있다. 즉 '종적'인 선의 기능에 강하게 밀착되어 있기 때문에, A-B-C인 경우, 일에서 B는 A 또는 C의 분야에 침입하는 것이 용이하다(다른 사회였다면, 이것은 대단히 엄한 제재를 받는 것이다). 따라서 능력이 있는 사람은 늘 여기에서 크게 비약해서 활약할 수 있는 것이다. 극단적인 경우에는, B가 리더 A를 자유자재로 움직일 정도로 활약하기도 한다.

그리고 사실상 리더의 일을 완전히 해 버리는 경우도 있다. 예를 들면 [도표 8]의 c와 같은 위치에 있으면서 명목상 a를 내세워, b와 d 및 그 부하를 충분히 사용해 실제적으로는 리더의 일을 실행한다는 것이다. 이것은 a가 완전히 c에게 실력이라는 점에서 장악되어 있다든지, a가 c를 신뢰하고 그 능력에 의존하는 경우이다.

이 의미에서 일본의 리더만큼 부하에게 자유를 줄 수 있는 리더는 다른 사회에는 아마 없을 것이다. 일본의 조직은 서열을 지키고 인간관계를 잘 유지하고 있으면, 능력에 따라 얼마든지 뜻을 펼칠 수 있고, 게으름을 피우려고 하면 얼마든지 게으름을 필 수도 있어서, 재능이 있는 사람도 능력이 없는 사람도 똑같이 키워갈 수 있는 특질을 갖고 있다.

언뜻 보면 서열편중으로 대단히 탄력성이 없고 경직된 조직 같지만, 이것은 동시에 놀라울 정도로 자유로운 활동의 장을 개인에게 주고 있다.

이렇게 보면, 리더 개인의 능력 유무는 그렇게 커다란 문제가 되지 않는다. 좋은 리더를 가진 것보다 더 좋은 것은 없겠지만, 리더의 능력으로 그 집단의 힘을 측정할 수는 없다. 간판에 거짓이 있는 경우도 적지 않다. 집단의 실력은 사실 그 내부사정에 달렸다.

문제는 어떻게 일을 잘하게 하는가

여기에서 중요한 문제가 되는 것은, 리더 자신의 능력보다 리더가 어떻게 자기 부하의 능력을 잘 발휘하게끔 하는가이다. 그 실현은 대부분이 인간적인 접촉에 달려 있기 때문에, 리더가 바로 밑에 있는 집단의 간부를 얼마나 잘 파악하는가, 나아가 그 간부가 그에게 직속되어 있는 부하를 얼마나 잘 통솔해 가는가에 달려 있다.

물론 이러한 메커니즘에서 리더에 대한 인격적인 경애심이 있으면 더욱 순조롭게 진행될 것은 말할 필요도 없지만 조직의 기반은 역시 직접적으로 연결되는 사람과의 관계 위에 있다.

따라서 어떤 개인이 초인적인 능력을 갖고 있어서, 그의 힘 자체에 매료되어 많은 사람들이 그를 따르다가 그의 능력이 없어졌을 때, 그때까지 충성을 보이던 신봉자들이 일제히 리더를 버리고 만다는 카리스마적인 리더나 그러한 집단은 일본의 토양에서는 자랄 수 없을 것이다.

리더가 카리스마를 가졌다고 할지라도 그것은 직접 접촉을 통해 집단의 핵을 구성하는 간부에게 독점적으로 흡수되고 더욱이 그들을 통해서 그 밑으로 연결되어 있는 '종적'인 조직을 의지해서만 신봉자를 획득할 수 있는 것이다.

오이시 구라노스케(大石內藏助) 같은 인간적 매력이 필요

일본의 경우, 리더의 영향력이나 위력은 부하와의 인간적인 직접 접촉을 통해서 비로소 발휘되는 것이다. 사실 일본의 지도자상은 나폴레옹적인 것이 아니라, 어디까지나 오이시 구라노스케(大石內藏助, 1657~1703: 吉良義央에게 모욕을 당하자 그를 칼로 상해하고 그 죄로 할복자살을 명령받아 자결한 主君을 위해 47인의 동지를 모아 복수한 사무라이로서, 일본인이 가장 사랑하는 역사적인 인물 중의 한 사람이다—역자주)적인 것이다.

집단의 기능성은 오야붕 자신의 능력에 의한다기보다는 오히려 뛰어난 능력을 가진 꼬붕을 인격적으로 끌어당김으로써, 집단을 얼마나 잘 통합하고 그 모든 능력을 발휘시킬 수 있는가에 달려 있다. 실제로 대오야붕이라고 일컫는 사람은 꼭 인간적으로 대단한 매력을 가지고 있다. 꼬붕이 움직이는 것은 오야붕의 명령 자체 때문이 아니라, 직접 피부에 와 닿는 오야붕에 대한 인간적인 매력 때문인 것이다.

"내 얼굴을 봐서…"라는 말은 모든 이성적인 판단을 넘는 힘을 갖고 있다. '천황폐하 만세' 하고 죽어 간 병사들은, 실은 매일의 일상생활에서 온정을 쏟아 준, 경애하는 '소대장이 말씀하시는 것이니까' 하고 생각해서 용전했다는 것이다.

기업체에서는 경영자 또는 위에 있는 사람에게 이 리더로서의 자격을 가질 것이 요구되고 실제로 경영자의 퍼스낼리티가 종업원에게나 또 사회에서도 일본처럼 문제로 거론되는 나라는 아마 없을 것이다.

또 경영자 자신들도 어느 시대나 '기업은 사람이다'라고 하면서, 사람에 대한 문제에 신중하게 대처해 왔고, 일본에서는 이것이 경영관리의 중요한 과제가 되고 있다. 도대체 나폴레옹이 그 부하에 대해서, 그리고 미국의 경영자가 그 종업원에 대해서 이 정도로 심각하게 생각한 적이 있었을까, 또 그럴 필요가 있었을까.

제7장 사람과 사람과의 관계

1. 계약정신의 결여

'종적' 조직을 대신하는 계약

이상 서술해 온 바와 같이 '종적'으로 연결되는 정서적인 관계는 이론적으로 보면, 사회조직의 기반이 되는 사람과 사람 사이의 관계양식을 대표하는 3가지 방식 중 하나를 나타내는 것이다.

그 다른 방법으로서는 이미 말한 것과 같이 이것과 대조적인 '횡적'인 관계가 있다. 즉 꼬붕이 아니라 형제라든가 동류인 사람과의 관계이다. 이 방법은 옛날부터 많은 사회에서 사용되어 왔던 것으로 지금도 인도나 동남아시아 지역에서는 강하게 작용하고 있다(흥미로운 것은 이 방법이 커다란 기능을 발휘하고 있는 인도에서는 오야붕, 꼬붕이라는 관계가 거의 존재하지 않는다는 점이다). 이것은 소위 '이웃주의'나 카스트제도, 또는 계급형성과 관계하는 것으로, 특권이 어느 한 집단에 의해 독점될 위험성을 충분히 갖고 있다. 따라서 오야붕과 꼬붕관계보다 결코 훌륭하다고 말할 수는 없을 것이다. 또 일본인의 속성으로 봐서 가능한 방법도 아니다.

또 다른 하나의 방법은 '계약'관계에 의한 것이다. 마치 케네디가

'케네디 정권'을 창출했을 때, 케네디 자신과는 전혀 관계가 없었던 러스크나 공화당의(일본류로 말하면 적의 진영에 속한다고도 생각될 수 있는) 맥너매러 등을 그 실력을 인정하고 발탁하여 정권을 만든 것과 같은 방법이다. 이러한 방법은 '계약'정신 없이는 절대로 불가능한 것인데, 영미에서 정계의 운영방식이 일본과 비교될 수 없을 정도로 뛰어난 것은 바로 이 '계약'의 가능성이 있기 때문이다.

그런데 필자의 분석에 의하면 '계약'정신은 일본인에게는 완전히 결여된 것으로, 거의 절망에 가깝다고 생각된다.

원래 계약정신이 부재

서구적인 의미의 계약관계가 설정되기 어렵다는 것은, 이미 언급한 통째로 삼키는 식의 고용관계에서도 확실히 나타난다. 필자는, 일본의 근대기업이 그 초기단계에서부터 노동력의 과잉이나 부족에 관계없이 종신고용적인 방향을 취해 왔다는 사실은, 고용에서 서구적인 계약관계가 설정되기 어렵다(고용하는 측과 고용되는 측 모두에게 원인이 있는데)는 점에 이유가 있지 않을까 생각한다. 경영자측으로서는 당연히 안정성 있는 노동력을 확보하기 위해서 노동자(특히 숙련노동자)를 붙잡아 두려는 방책으로 계약제를 발달시키는 대신 보다 일본인에게 맞는 종신고용제를 고안해 낸 것이 아닌가 하고 생각한다.

경영자가 아니더라도 사람들을 쓰거나 협력해서 일정한 일을 하려고 한 경험이 있는 사람이라면 누구라도 생각해 냈음에 틀림없다. 당초에 그 일을 하자고 약속했던 사람들이 오랫동안 같은 장소에서 일하고 있었다거나, 아니면 앞에서 말한 어떤 종류의 '종적' 관계를 갖고 있는 사람들이 아닐 경우에는 절대적이라고 해도 과언이 아닐 만큼 쓴 경험을 갖게 되는 것이다. 그리고 그 원인은 거의 인간관계 특히 감정적인 것으로 발현된다.

개개의 구성원들 사이, 그리고 리더와 그 외의 구성원들 사이가 확실히 되지 않고, 그 결과 일을 태만히 하는 사람이 나올 뿐만 아니라 방해를 하든지 손을 놓는 사람이 나오기도 한다. 자기의 요구가 충족되지 않으면 도중에 '나는 그만둔다'라든가 '사표를 내던지겠다'고 하며(정말로 그렇게 하는 경우도 있고 협박으로 끝나는 경우도 있으나), 리더를 곤란하게 하여 일종의 이기적인 감정을 맛보는 방식은 일본인의 주특기이다.

공통의 목적이나 일의 달성에 책임감이 없다고나 할까, 있다고 할지라도 개개인에게는 그 이상으로 감정적인 인간관계가 중요시된다는, 대단히 감정적인 성향이 확인되는 것이다. 이것은 계약이 수행되지 않는다기보다는 원래 계약이라는 관념이 존재하지 않는다고 말해야 할 것이다(이것은 일을 의뢰하는 쪽이나 그것을 맡는 쪽 쌍방에 대해서 다 말할 수 있다).

목적에는 절대적인 서구의 리더

전후 일본에서 활발히 활동했던 학술조사단(그 외 등산대, 탐험대로 불리는 것도 같지만)에서 보이는 인간관계에서도 이것이 잘 나타난다.

이것을 필자가 잘 아는 프랑스인, 이탈리아인의 조사단 등과 비교해 보면, 대단히 다르다. 유럽인으로 구성된 조사단은 먼저 그 대부분이 무슨 무슨 대학이라고 말하지 않고, 단장의 이름을 조사단의 이름으로 하고, 단원은 꼭 단장이 속해 있는 대학의 요원이나 그 제자들이 아니라, 단장이 그 조사단의 목적에 가장 적합하다고 생각되는 전문가를 폭 넓게 발탁하여 초청함으로써 구성되는 경우가 많다.

따라서 단장이 이전에는 전혀 모르던 사람도 참가하게 되는 경우가 많다. 일단 단장과 단원 사이에 계약이 성립되면, 그 조사가 끝날 때까지 단장과 단원의 관계는 철저한 것으로, 일에 관한 한 단장의 명령에 절대적으로 복종한다. 예를 들면 아무리 유명한 사진가라 하더라도 단원이 된 이상, 단장(가령 사진가보다 덜 유명하고 나이도 더 어리다고 할지라도)의 지시에 따라 한 장 한 장의 사진을 찍는다. 그러나 조사기간중에도 일과 관계가 없을 때에는, 예를 들면 단원이 밤에 어딘가 놀러 가든지 무엇을 하든지 완전히 자유이다. 일과 관계가 없는 행동에 대해서 단장의 의향을 살필 필요는 조금도 없다. 그러나 일에 관한 한 단장은 자기의 의지대로 단원을 움직여 목적을 달성할 수 있다.

일본인 리더의 주요 책임은 화목의 유지

그런데 일본의 학술조사단에서는 우선 계약형식 등을 통해 단원을 불러모았을 경우, 거의 예외없이 실패하게 된다. 실패까지는 가지 않더라도 일의 능률이 떨어지고 감정적인 인간관계에 거의 모든 정력을 소모해 버려, 예정한 일은 조금도 부드럽게 진행되지 않아 대단히 고생하게 된다.

이러한 조사단은 거의 대부분 내부분열의 상태에 있고, 단장은 욕설의 대상 이외의 아무것도 아닌 존재가 되어 버린다. 일본에서는 훌륭한 대학교수도 현지인이나 외국인 앞에서 싸움을 하고 서로 헐뜯어 그 지역에 오명을 남기는 결과가 되고 만다. 따라서 아무리 우수한 단원으로 구성되고 충분한 비용을 갖고 있어도 일의 성과는 오르지 않는 것이다.

이에 비해서 리더가 장로격인 교수로 그의 애제자들만을 단원으로 하는 조사단일수록 일은 잘 진행된다. 이러한 조사단에서는 비용이 아무리 적어도, 그리고 아무리 어려운 환경이더라도 목적을 수행할 수 있다. 그것은 우리들의 단장(스승)을 위해서는 어떤 희생도 아깝지 않다는 정겨운(일본적인 의미) 적극성이 단원에게 있고, 한편 '귀여운 놈들이다'라고 하는 제자에 대한 한없는 애정이 뒷받침된 단장의 배려가 있다.

이 관계에서 단장의 힘도 물론 있지만, 단원에 의해 단장이 움직이는 경우도 눈에는 보이지 않지만 꽤 있다. 실제로 리더의 권한은 유럽인 조사단의 경우보다 훨씬 적다(이것은 앞 장의 리더십의 분석에서 상술했다). 따라서 학문적으로 대단히 뛰어나고 재능이 있는 리더가 그 능력을 충분히 발휘하지 못하는 경우도 많다. 단장의 존재 이유는 조사를 지도하고 또는 자기의 조사목적을 달성하는 것이라기보다, 오히려 인간관계를 중심으로 하여 그 화목을 유지하는 데 있다. 조사단은 게마인샤프트적인 '모두의 조사단'인 것이다.

'봉건적'이라는 말로 해결될 수 없는 인간관계

이것에 반해 유럽인에게는 어디까지나 단장의 조사단으로, 단원은 단장의 일을 완성하기 위해 각각의 역할을 하는 것에 불과하다는 대단히 게젤샤프트적인 것이다. 즉 조사를 끝내고 귀국해서 조사단이 해산됨과 동시에 단장과 단원 개개인은 각각 완전히 타인이 된다. 한편 일본에서는 그 공동체적 관계가 일생 동안 계속될 가능성이 많다. 또 그러한 가능성을 배경으로 해야만 비로소 성공리에 조사를 끝마치는 것이 가능하다고 말할 수 있다.

이 학술조사단의 방식에서도 분명한 것처럼 오야붕, 꼬붕으로 상징되는 인간관계는, 정치가나 깡패세계에서뿐만 아니라 실제로 진보적인 사상을 가진 사람이나 문화인이라고 자타가 공인한 사람들, 대학에서 서구의 경제나 사회에 대해서 강의하고 있는 교수들 또는 최첨단의 대기업에서 일하는 사람들 중에도 있다는 것을 지적할 수 있다. 그리고 이 뿌리깊은 인간관계의 존재양식은 결코 종래 설명되어 왔던 것 같은 봉건적이라는 단순한 것도 아니며, 공업화라든가 서구 문화의 영향에 의해서 간단히 고쳐질 수 있는 것도 아니다.

두 사람의 군주에 충성할 수 있는 서구와 그럴 수 없는 일본

계약정신의 유무는 경제적, 문화적인 변동, 역사적인 추이 등을 뛰어넘는 것에 기인한다고 생각될 정도로, 그 뿌리가 깊다. 그것은 중세의 주종관계를 서구와 일본을 대비시켜 보아도 잘 알 수 있다.

"두 군주에게 충성할 수 없다"는 말과 같이 일생 동안 그리고 자손대대에 이르기까지, 가능하면 한 사람의 특정한 군주에게 충성하는 것을 이상으로 여기고, 적어도 한 시기에 두 사람의 군주를 동시에 모시는 것은 일본의 무사도(아니 일본인의 일반적인 기분으로서도)에서는 생각할 수 없는 것이며 또 그것은 하려고 해도 일본인에게는 대단히 어려운 일이었다.

그런데 서구 중세의 주종관계는 모든 인간을 꼭 무기한으로 구속하는 것을 전제로 하지 않기 때문에, 주군을 변경하는 것이 가능했을 뿐만 아니라 동시에 한 사람이 둘 또는 세 사람의 주군을 모시는 것도 가능했다. 그리고 그것은 어떠한 도덕적 비난을 받는 일도 아니었다. 근대적 계약은 내용이 다르다고는 하나, 서구에는 계약정신이 봉건시대에서조차도 확실히 나타났다고 말할 수 있다.

모든 면에서 드러나는 반계약정신

이 차이는 오늘날에도 사제관계에 잘 반영되어 있다. 서구를 비롯해 아시아 여러 나라에서조차 복수의 스승을 가지는 것은 보통이며 아무런 불편도 느끼지 않는데, 일본인의 경우 대개 특정한 한 사람을 스승으로 모시는 것이 일반적이다. 그리고 스승도 자기 제자가 다른 스승을 모시는 것에 대단히 저항감을 느끼는 것이 보통이다.

이렇게 보면 계약정신과는 이질적인, 항구적으로 설정된 단일의 '종적'인 인간관계가 일본 사회에 뿌리깊게 잠재되어 있다는 것을 알 수 있다.

물론 보다 근대적인 제도에서는 온정적인 오야붕, 꼬붕이라는 형태가 비인격적인 관료적 성격이 된다든지 이러한 '종적'인 관계에 구속되지 않는 경우도 많겠지만, 그것은 조건적인 차이로, 이해관계가 강하게 개입되거나 생존이 걸릴 정도의 중요성을 띤 집단행동이라든가, 전통적 권위에 뒷받침된 특권이 많은 집단이라든가, 긴급하거나 중요한 일을 수행해야 할 경우에는 종적인 인간관계가 극단적으로 나온다는 데에 문제의 중요성이 있다. 그리고 이 경향은 많든 적든 일본의 사회생활 모든 면에서 드러난다.

2. 상대적 가치관의 지배

정서적인 '종적' 연결

개인과 개인 사이에 이성적 또는 추상적인 계약관계의 설정이 어렵다는 것은 인간관계가 극히 개인적이며 직접적인 사람과 사람과의 관계에 의해 설정되기 때문이라고 말할 수 있다.

근대 기업에서 경영자와 종업원의 연결방식이나 서구적인 교양을 갖추었다는 지식인들 사이에서조차도 이 같은 '종적'인 정서적 관계가 강하기 때문에, 이것이 깡패세계의 오야붕, 꼬붕의 관계가 되면 더 말할 필요도 없다. 오야붕을 위해서 살인하는 것 정도는 당연시될 것이다.

어느 보호시설의 원장이 한 말에 의하면, 깡패세계를 한 번 체험한 아이가 몇 번이나 다시 찾아와도 되돌아가 버리는 것은 그 아이가 보육시설이나 양부모에게서 결코 얻지 못했던 이해와 애정을 깡패세계에서 받았기 때문이라고 한다. 오야붕, 꼬붕관계의 강력함과 감정적인 요소는 약한 자에게는 안주의 세계가 되는 것이다.

전후 활발하게 나타난 신흥 종교집단이 매력적인 리더를 갖고 직접 접촉을 매개로 하는 정서적인 '종적' 선을 집단조직의 근간으로 하고 있는 것도 주목할 만한 일이다. 창가학회의 샤쿠부쿠(折伏: 사악, 번뇌, 아집을 버리고 악인, 악법을 도려내어 佛, 보살, 正法에 설복시키는 것—역자주)에 의한 '종적' 선, 입정교성회의 '부모자식'관계는 그 전형적인 것이다. 이에 따라 신자는 완전히 조직망에 편입되어 '나는 이제 더 이상 혼자가 아니다'라는 안도감에 잠길 수 있는 것이다.

또 오랜 역사를 가진 전통적인 교단에서도 이들 신흥종교와는 다르지만 기본적으로는 '종적'인 연결방식이 보인다. 예를 들면 眞宗의 신자는 眞宗이라는 교리의 공통성 자체를 매개로 해서 집단을 형성하고 있다기보다는, 오히려 실제로는 자기의 아버지도 할아버지도 신자였기 때문이라는 '종적'인 이유 때문에 현재의 개인이 뒷받침되고 있다고 말할 수 있다.

신앙이라는, 언뜻 보면 추상적인 것을 매개로 하여 성립되는 것 같은 집단에서도 이 현상은 놀라울 정도로 현저하게 나타난다. 또 교단조직 자체도 '종적'인 관계를 관철하고 있는데, 天理教의 본교회, 분교회조직, 眞宗의 본사, 말사관계에서도 이 점이 잘 나타나 있음을 부연해 둔다.

이론적, 종교적이 아닌 도덕적 사회

나아가 흥미있는 것은 '신'의 관념 자체에서도 이 점이 보인다는 것이다. 일본인에게 '신'이나 '조상'은 이 '종적'인 선의 연결에서만 추구될 수 있는 것으로, 인간세계에서 완전히 동떨어진 추상적인 존재로서 '신'에 대한 인식은, 일본 문화 안에서는 찾을 수 없다. 극단적으로 말하면 '신'에 대한 인식도 개인의 직접 접촉적인 관계에서 출발하고 있고, 또 그것을 매개로 하여 그 연결의 연장으로서 파악되고 있다. 항상 자기와 현실적인 그리고 인간적인 연결에 일본인은 가치관을 강하게 두고 있다고 말할 수 있다.

이 너무나도 인간적인, 즉 사람과 사람과의 관계를 무엇보다도 우선하는 가치관을 갖는 사회는 종교적이 아니라 도덕적이다. 즉 대인관계가 자기를 자리매김하는 척도가 되고 자기의 사고를 인도하는 것이다.

'모두가 이렇게 말하니까', '다른 사람이 이렇게 하니까', '이렇게 하라고 하니까' 하는 것에 의해 자기의 생각과 행동에 방향을 주고, 또 한편 '이러한 것은 해서는 안 된다', '그렇게 생각하는 것은 잘못이다', '그 생각은 구식이다'라는 표현으로 타인의 생각과 행동을 규제한다.

이러한 방식은 늘 그 반론에 대해서 어떠한 이론적, 종교적인 이유가 아니라 그러한 발언을 뒷받침하는 근거로서 '사회 사람들이 그렇게 생각하고 있다'는 것을 든다. 즉 사회적 강제이다. 사회의 도덕이란 수신의 모범에 있는 것이 아니라, 말할 것도 없이 이 사회적인 강제를 뜻한다. 따라서 그 사회가 위치한 조건에 의해 선악의 판단은 변할 수 있으며, 종교가 기본적인 의미에서 절대성을 전제로 하는 데 반해 도덕은 상대적인 것이다. 일본인의 사고방식이나 신조가 전전, 전후에 걸쳐 비약적으로 변했고, 또 전후에도 오늘날까지 부단히 변하고 있다는 사실은 이렇게 움직이는 실태 자체(사회)에 가치의 척도를 두기 때문이다.

거기에는 일종의 집단 냄새가

이 사회적 강제는 일본 사회라는 커다란 범주보다는 소집단일수록 밀도가 높아진다.

한 집단이 다른 집단과 접촉하고 대화를 하는 경우, 모두가 '우리들의 의견을 먼저 통일해 두지 않으면' 하고 말한다. 집단의 결속이 강하고 기능성이 높을수록 집단이 개인에게 강요하는 사회적 강제는 강하다. 다시 말하면 그만큼 개인의 자유로운 사고와 행동을 규제해 가는 것이다.

이러한 끊임없는 운동의 결과, 한 집단구성원의 퍼서낼리티가 거의 비슷해지는 현상이 일어나고(이 집단강제를 견디어 내지 못하는 개인은 결국 탈락하기도 한다), 또 퍼서낼리티가 비슷한 사람들이 집단을 구성하는 현상도 나타난다. 실제로 일본 사회에서 특정한 주의나 사상을 내걸고 있는 집단의 사람들이 유형적으로 동일한 퍼서낼리티를 가지고 있다는 것을 지적할 수 있다.

그리고 각각의 그룹은 주장하는 주의라든가 사상에 논리적으로는 무관계한 일종의 동일한 경향을 가진 사람들의 퍼서낼리티의 총화에서 발현되는 경우가 보통이며, 본질적으로 그 주의나 사상 자체가 공명해도 이러한 퍼서낼리티를 가지지 못하면 그 그룹의 구성원이 되는 것이 곤란하다.

또한 그 그룹이 표방하는 주의에 완전히 이의가 없고, 그렇기 때문에 그 집단에 들어가 있어도 그러한 본질적인 것과 관계없는 사소한 사건에 의해서 의견을 달리하여 종종 감정적인 불일치가 명백해지면, 따돌림을 받든지 그룹에서 탈락하지 않을 수 없게 된다.

집단의 생명은 인간관계 자체에

따라서 일본에서는 어떤 주의나 사상을 깃발로 하는 집단이라도 그 집단의 생명은 '그 주의(사상) 자체에 개인이 충실'한 것이 아니라, 오히려 상호의 인간관계 자체에 있다고 할 수 있다.

여기에서도 종교와 같이 주의나 사상은 일본 사회에서는 후퇴하지 않을 수 없다. 당당하게 세계에 자랑할 만한, 또 다른 사회의 사람들에게 커다란 영향을 줄 만한 위대한 종교가나 철학자가 아직 일본(당당한 문명국이면서)에서 한 사람도 나오지 않았다는 사실은 이 일본적인 사회구조와도 무관한 것은 아니다.

이와 같이 관찰해 보면, 일본인의 가치관의 근저에는 절대를 설정하는 사고, 또는 논리적 탐구가 존재하지 않든가, 아니면 있어도 극히 저조하고 그 대신에 직접적이고 감정적인 인간관계를 전제로 하는 상대성원리가 강하게 존재한다고 할 수 있다.

이것은 앞에서 말한 리더와 부하의 역학관계에서 접점으로서의 규칙 부재, 사람과 사람과의 관계에서 계약에 의해 표현되는 약속 부재라는 점에서도 유감없이 드러난다.

3. 논리보다도 감정이 우선

일본 비평가의 입장과 그 탄식

논리를 쉽게 무시하는 이 상대적 가치관은 현재 일본인의 사람과 사람의 관계양식에서도 여실히 발휘되고 있다. 그리고 특히 지적 활동에서 치명적인 결함을 폭로하는 것이다. 그 가장 좋은 예 중 하나는 일본인에게서 '비평'의 확립이 대단히 어렵다는 점이다.

언젠가 中村光夫가 일본에서 평론가라는 입장과 논평이 수용되는 방식을 탄식하였는데, 필자도 이에 전적으로 동감한다.

작품 자체에 대해서 논했는데, 조금 칭찬하면 '저 사람은 나에게 호감을 갖고 있다'고 인식되고, 조금 비판하면 '저 놈은 나쁜 놈이다'라고 화를 낸다. 작품을 뛰어넘어 사람과 사람의 직접적이고 감정적인 사건이 되어 버린다.

또 극소수의(이것은 비오는 날의 별만큼의 수인데) 사람을 제외하고 평론가, 서평가도 종종 감정적인 문구를 떠벌리는 것이 보통이다. '이것은 마음에 들었다'라든가 '저자의 문제의식을 의심한다'든가 '저자는 아직 고생을 덜했어'라든가 '저자의 주위 사람들이 어떻다'라는 등, 작품 이외에 저자의 태도나 그 주위의 사람들에게까지 확산됨과 동시에 자주 자기의 감정이입을 한다. 서평의 스타일이나 내용이 저자와의 인간관계에 의해 결정되어 버리는 경우가 많다.

보다 분명히 말하면, 알지 못하는 사람이나 자기와 반대되는 입장에 있는 사람에 대해서는 악평을 하지만, 아는 사람이나 동료 특히 선배의 것에 대해서는 절대적이라고 말해도 좋을 정도로 칭찬한다. 그리고 종종(필자도 왠지 그렇게 되어 버리는데), 작품의 약점을 정말로 지적했을 때 일어날 저 무서운 개인적인 감정적 공격을 생각하면, 별것 아닌 것을 의례적으로 지적하고 그만두고 싶다. 아니면, 처음부터 의뢰를 거절하는 것 외에는 방법이 없다. 결국 손해를 보는 것은 제3자인 독자이고 이것은 커다란 사회적인 손실이다. 서평의 신뢰도가 대단히 낮은 것이다.

진정한 '대화'가 있을 수 없는 사회

이러한 번거러움은 서평이라는 특수한 영역에 한정된 것이 아니라, 우리들의 일상의 생활에서도 경험하는 것이다. 사람에 대해서 말하거나 어떤 사건에 대해서 또는 어떤 문제에 대해서 우리들이 자기의 의견을 발표할 때, 대인관계 특히 상대방에게 주는 감정적인 영향을 고려하지 않고 발언하는 것은 대단히 어렵다.

물론 어떤 사회에서도 이러한 고려는 많든 적든 있으나, 일본 사회처럼 극단적으로 논리가 무시되고 감정이 횡행하는 일상생활은 없다고 생각한다.

그 증거로 일본인의 회화에는 스타일로서의 변증법적인 발전이 없다. '칭찬하는 서평'과 '욕하는 서평'밖에 없는 것같이, '지당한 말씀'이라는 식의 맞장구를 치는 일방통행적인 것이든지, 아니면 반대를 위한 반대식의 평행선을 이루며 돌돌 감겨서 결국 처음과 같은 곳에 있든지 둘 중 하나인 경우가 압도적으로 많다.

일방통행의 경우는 '말을 한다'든가 '말을 듣는다'는 식으로, 말하는 사람과 듣는 사람으로 이분되어 있어서, '대화를 즐기'는 게임식의 대화는 찾아보기 어렵다. 외국인과의 대화에 익숙해지면 일본인의 회화에는 참으로 지루한 것이 많다.

일본의 소설도 이 현실을 잘 반영하고 있다. 대개의 소설에서 회화 등은 안 써도 알 수 있을 듯한, 즉 개천의 물이 이미 정해진 코스로 흘러 가는 것 같은 경우가 압도적으로 많다. 그것은 논리적인 맞물림이라는 재미와는 거리가 멀 뿐 아니라, 오히려 주인공의 감정에 따라 읊조리고 있는 것이다. 듣는 사람은 그 '조역'을 연기하는 것이 예사로, 대화자로서 동등한 위치에 선다는 것은 어렵다. 그리고 여기에도 예외없이 등장하는 것은 '종적'인 관계이고, 말하는 역은 보통 지위가 높은 사람(또는 그 좌석의 인기자)이 독점하는 것이다.

당당하게 논리적으로 반론할 수 없는 구조

보통 회화에서도 이런 경향이 강하기 때문에, 회의를 하면 점점 이 경향이 강해져서 무엇을 위한 회의였는가 알 수 없게 되는 경우도 많다. 이런 일본인의 습성이 가장 잘 나타나는 것은 학회나 연구회이다. 젊은 연구자가 선배 학자에게 당당하게 반론할 수 없다.

이 경우 학회에서의 반론 방식을 보면, 먼저 불필요한 찬사(그것도 최대한의 경어를 나열한다)에 긴 시간을 허비하고, 그 다음에 조금 자기의 반론을 마치 심각하게 들을 가치도 없는 것에 지나지 않는다는 인상을 주는 표현을 쓰며 덧붙인다. 객관적으로 보면 학자에게도 진리의 추구보다 인간관계가 우선한다고 말하지 않을 수 없다.

필자는 서구에서도 아시아에서도 이렇게 불합리한 학자간의 대화를 본 적이 없다. 일본인의 학문에 대한 '미지근함'(적어도 사회적 행동에서)이 여기에서도 보이는 느낌이다. 학자세계에서 실력보다도 지위가 얼마나 우선하고 있는가.

어떤 의미에서 '종적'으로 연결되는 사람들 안에서 반론은 이와 같이 억압되기 때문에 공공연한 반론은 늘 그러한 관계에 있지 않은 사람들(다른 집단에 속한 사람들) 또는 대항자(예를 들면 상사에게 반발해서 발언하는 부하나 교사에게 뭔가 불만을 품고 있는 젊은 학생들)한테서 나온다. 이 경우도 반론이라고는 하지만 실은 논리상의 반론이라기보다는 감정적인 공격의 형식을 띠기 쉬운 점에서 역시 논리성의 결여가 보인다. 그 전형적인 예는 국회에서 여당에 대한 야당의 반론이다.

최초에서 최후까지 평행선

이와 같이 상반된 또는 다른 주장이나 생각을 가진 사람들이 함께 이야기를 하거나 논의를 하게 되면, 자기들의 주장을 외쳐댈 뿐으로 양자 사이에 논리적인 발전이 없는 것이 보통이다. 놀라운 것은 일본의 대표적인 문예평론가들도 이것을 언급하고 있다. 예를 들면 "모든 논쟁에서 완전히 결말이 날 곳에서 결말이 난 적은 결코 없다. 논쟁은 처음도 끝도 만나지 못하는 평행선이다. 논평자와 작가의 응수는 양자가 침묵의 예의를 지키는 경우나 다를 바가 없다."(荒正人, 『군상』, 1964년 5월호)

"적어도 타인의 사고방식을 고치는 것은 불가능하다. 논쟁에서 항상 중요한 것은, 본인들에게는 논리가 아니고 체면이며, 세상 사람들이 볼 때에 논쟁은 한낱 구경거리일 뿐이다. 비난, 공격, 싸움은 논리적인 연구가 아니라, 당사자들이 생각하는 것을 어디까지나 계속해서 주장하는 것에 불과하다."(伊藤整, 『군상』, 1964년 5월호) 라고 잘라 말하고 있다.

이렇게 보면, 일본의 학계나 문예평론의 세계에서도 진정한 의미의 논쟁은 존재하기 어렵고, 비난(censure)은 있어도 진정한 비평(criticism)은 존재하기 어렵다고 말할 수 있을 것이다.

비평에서 감정은 금물이다. 비평에서 감정은 에너지를 결집하는 것은 가능해도, 개별적이며 또 시점이 결여되어 있기 때문에 공통의 장에 선 사람들이나 같은 분위기를 가진 사람들에게만 통하게 되어 결정적인 약점이 된다.

세계에 둘도 없는 무방비의 회화

문예비평이라는 특수한 분야가 아닌 데서 논쟁이 일어나 어느 한편이 양보하지 않으면 일이 진행되지 않을 경우, 한편의 주장이 관철되고 다른 한편이 양보하는 원인은 논쟁의 주제 자체가 아니라, 다른 사회적 강제에 의한 경우가 압도적으로 많다.

따라서 양보한 측에는 언제나 감정적인 욕구불만이 남기 쉽고, 또 제3자의 눈으로 볼 때 이해하기 어렵게 결말이 날 때가 많다. 논리에 의해 승패가 결정되는 깨끗한 기분과는 거리가 멀다.

일본인이 '말할 수 있다'든가 '대화가 가능하다'고 한 경우, 마음이 맞는다든가 한편이 자기를 어느 정도 희생해서 상대방에게 공명 또는 동정을 갖는 것이 전제가 된다. 즉 감정적인 합류를 전제로 해서 비로소 말을 할 수 있기 때문에 서로 상대방에 대해서 일정한 감정적 이해를 가지지 않으면 안 된다. 따라서 처음 만난 사람이라든가 모르는 사람들과 이야기하는 것에 대해서 일본인은 실로 익숙해 있지 않으며, 별 볼일 없는 내용에 대해서밖에 이야기하지 못하는 약점을 갖고 있다.

반대로 대단히 잘 알고 있고 마음이 맞는 동료들과의 회화에는 큰 즐거움을 가질 수 있다. 이런 경우 감정적인 호흡이 척척 맞기 때문에 단편적인 단어를 구사해도 통하고 화제를 어떠한 전제도 없이 갑자기 변화시켜도 지장이 없다. 물론 경어를 골라 써야 한다는 번거로움에서도 자유롭게 되고, 무엇을 떠들어도 오해를 산다든가 곤란한 일이 생기지 않기 때문에 안심이 된다(그들 사이에 '종적'인 관계가 있다고 해도 그러한 좌석에서는 일단 무례가 용서된다).

일본적인 수다의 즐거움은 실로 이러한 조건에서 최고조에 이른다. 서로의 기분이 닿는 대로 이야기가 흘러가 비논리적이기 때문에 내용은 당연히(지식인의 경우라도) 지적인 것이 아닐지 모르나, 이것은 일종의 이완작용으로 사회생활에 크게 공헌한다고 말할 수 있다. 이러한 무방비한 회화는 적어도 외국의 지식인 사이에서는 존재하지 않는다고 말해도 좋을 것이다.

논리를 경원시하고 감정을 즐긴다

일본인은 논리보다도 감정을 선호하고 논리보다도 감정을 애호

한다. 적어도 사회생활에서 일본인은 지식인을 포함해서 서구나 인도인들이 하는 것같이 일상생활에서 논리의 게임을 무한히 즐기는 습관은 갖고 있지 않다.

논리는 책이나 강의에 그리고 연구실에 있으며, 변호사의 일에나 있는 것이지, 살롱이나 찻집이나 식탁 그리고 술좌석에는 존재하지 않는다. 그런 장소에서 논리를 꺼내면 따분한 이야기로서 회피되고, 논리를 좋아하는 사람은 배척된다.

노벨상을 수상한 도모나가(朝永振一郎) 박사가 언제가 이런 이야기를 썼다. 외국의 물리학자는 식사할 때에도 술을 마실 때에도 곧 물리학의 토론을 시작해 종이와 연필을 꺼내서 등식을 써서 마치 뭔가에 사로잡힌 사람 같은 느낌을 주어 도대체 상대하기 어렵다고.

필자도 외국생활에 익숙하지 못했을 때는, 그들이 식사중에도 단란한 분위기의 살롱에서도 대단히 머리를 쓰는 이야기를 하기 때문에 입을 다물어 버리곤 했다. 반대로 일본에 온 외국의 지식인은 일본인이 술을 마시기 시작하면 일본인들은 이해할 수 없는 먼 곳으로 가 버리는, 그래서 따돌림을 받은 듯한 외로움을 맛보는 것이다.

어떤 중국인은 일본인의 이런 모습을 보고 저렇게 무방비로 즐길 수 있는 일본인이 부럽다고 했다. 어떤 미국인은 일본의 실업가는 미국의 실업가만큼이나 바쁜데도 불구하고 과로로 죽는 확률이 훨씬 적은 것은, 바보 같은 이야기를 할 수 있는 술좌석을 갖기 때문임에 틀림없다고 생각하고 있다.

논리가 없는 세계에서 논다는 것, 더구나 그것이 대단히 용이하게 일상생활의 장에서 이루어지고 그것이 공적인 관계와 교착될 정도로 사회생활 전체의 리듬 속에 중요한(잠재적이라고는 하지만) 부분으로 자리한다는 것은, 외국인에게는 하나의 곡예와 같이 보일지 모른다. 일본인에게 그것은 서열이 엄격한 사회생활에서 정신적 피로를 회복시켜 주는 중요한 정신건강상의 공헌임에 틀림없다. 그러나 이 논리가 없는 세계를, 그리고 그것이 사회생활 안에서 이렇게 작용한다는 것을, 그런 습관을 공유하지 않는 사람들에게 설명하는 것은 참으로 어려운 일이다.

일본인, 일본 사회, 일본 문화가 외국인에게 이해되기 어려운 것으로 국제성이 없는 것은, 논리보다 감정을 우선시하고 그것이 중요한 사회적 기능을 갖고 있다는 데 그 원인이 있지는 않을까 생각한다.

맺음말

지금까지 서술해 온 바와 같이 실로 일본인의 사회생활에서의 비논리성(상대적 관계)이야말로 일본 사회를 분석하는 데 커다란 어려움이라고 할 수 있다.

그러나 많은 인간이 일단 끊임없이 사회생활을 영위하고 있다면, 거기에는 일정한 시스템이 꼭 존재하며 아무리 일본인이 논리적인 행동을 하지 않는다고 하더라도 이 시스템 자체는 일정한 논리를 갖고 있음에 틀림없다.

그렇지 않다면 사람들은(교통마비의 상태와 같이) 여기저기에서 충돌하여 움직일 수 없게 되고, 사회는 손을 쓸 수 없을 만큼 혼란에 빠지게 될 것이다. 어떠한 사회도 그 구성원들의 사회생활에 커다란 장애가 되지 않도록 일정한 사회구조가 뒷받침된다. 사회가 있는 곳에는 꼭 규칙이 있다는 것이, 우리들 사회인류학자들의 확신이다.

이 구조(언어의 문법에 해당하는)를 발견해 내어 이론화하고 여러 사회의 그것과 비교하면서 인류가 갖는 사회라는 것을 생각해 가는 것이 사회인류학의 작업이다.

본론에서 언급된 일본 사회의 여러 현상의 대부분은 이미 많은 사람들이 지적했거나 또 충분히 경험하고 있는 것이다. 그러나 본론의 주제는 이 같은 여러 현상을 '일본적'이라고 지적하는 것이 아니라, 이들 모든 현상이 나타나는 논리적인 필연성, 다시 말하면 일본 사회를 관철하고 있는 통일된 그리고 놀라울 정도로 논리적인 메커니즘이라는 것을 제출하려는 데 있다.

물론 근대국가에서는 어느 사회에서도 공통되는 제도나 조직을 갖고 있다. 예를 들면 학교, 행정 기관, 관료제, 기업체조직과 같은 것이다. 그러나 그것들은 명백히 제도화되어 누구라도 명확하게 포착할 수 있으므로, 이것을 공식적인 구조(formal structure)라고 부른다.

이에 비해, 현저하게 눈에 띄지는 않지만 실제로 인간관계를 규제하는 중요한 기능을 가진, 보이지 않는 잠재적 조직, 즉 비공식적인 구조(informal structure)가 있는데, 이것이야말로 그 사회의 기능면에서 원동력이 되고 그 사회의 특색을 구성하는 요소라고 생각한다.

현실적으로 이 비공식적인 구조는 공식적인 구조와 교착하면서 존재하지만, 이 책에서는 특히 이 비공식적인 구조를 탐구한 것이다.

이 비공식적인 구조를 추구함으로써 이 책에서 제시한 일본 사회의 특색은, 일본인이 다른 사회의 사람들과 비교해 보았을 때 본질적으로 다르다고 하려는 것이 결코 아니다.

오랜 역사를 가진 문명 사회에서는 오랜 기간 동안 그 사회의 독특한 관습을 발달시키고 정착시켜 왔기 때문에, 다른 사회의 그것과 비교하면 다른 인종, 다른 민족이라는 느낌을 강하게 갖게 되어, 그 문화적인 차이가 마치 결정적인 생물학적 차이라도 되는 것처럼 착각할 정도이다. 그러나 생물학자가 지적하는 바와 같이 모두가 '인류'라는 동물의 일종이다. 어떤 사회의 인간도 인간이라는 '종(種)'으로서의 본질적으로 동일한 특징을 갖고 있을 뿐만 아니라, 이렇게 문명이 진보되고 있음에도 불구하고 일정한 조건에 대해서는 개인으로서도 집단으로서도 다른 동물과 공통되는 반응을 나타내는 것도 충분히 지적할 수 있다.

따라서 일본인은…이라고 말하기 전에 일정한 동일조건이 주어질 경우, 일본인이 아니더라도 다른 나라 사람도 이와 같이 반응하지 않겠는가 하는 의문을 가져 볼 필요가 있다.

필자가 특히 역설하고 싶은 것은 이러한 일정한 '조건'을 고려해서 일본인, 일본 사회의 문제를 고찰하는 것이었다. 필자가 말하는 이 '조건'이란 특히 사회학적인 조건이다. 사회학적 조건이란 그 사회의 오랜 역사를 통해서 정치적, 경제적 그리고 물론 문화적인 요소의 발전, 통합에 의해서 만들어진 것이다. 이렇게 형성된 기존의 사회조직(공식 또는 비공식 구조를 모두 포함하여) 자체도 오늘날의 일본인의 행동을 형성하는 데 중요한 조건이 된다.

따라서 일정한 '조건'은 실험실에서 간단히 만들 수 있는 것이 아니다(실은 이 점에야말로 사회과학으로서의 사회인류학적 접근의 어려움과 복잡함이 있다).

그러나 일본 사회의 경우, 이 조건을 뒷받침하는 하나의 커다란 특색이 존재한다. 그것은 말할 것도 없이 사회의 '단일성'이다. 현재 세계에서 하나의 나라(즉 '사회')로서 이 정도로 강한 단일성을 갖고 있는 나라는 거의 없지 않을까 생각된다.

어쨌든 현재의 학문 수준에서 거슬러 올라가는 한, 일본 열도는 압도적으로 많은 동일한 민족에 의해 점유되어 기본적인 문화를 공유하여 왔다는 것은 명백하다. 일본 열도만을 보면, 흔히 말하는 것과 같이 관동, 관서 또는 동북, 남서 일본이라는 설정을 비롯하여 그 외의 지역차가 존재하지만, 이 지역차를 능가하는 전국적인 공통성은 놀라울 정도로 강하다. 실제로 다른 나라와 비교해서 이 문제를 살펴보면, 일본에서 지역차로 일컫는 것은 동질의 사회 안에 있는 상대적인 차이의 문제에 불과하며 오히려 공통성이 더 중요한 비중을 차지하는 것을 알 수 있다.

이 일본 열도에 나타난 기본적인 문화의 공통성은 특히 에도시대 이후의 중앙집권적인 정치 권력에 근거한 행정망의 발달에 의해서 조장되어, 강한 사회적 단일성이 형성되어 온 것이다. 나아가 근대에서 철저한 학교교육의 보급이 인구의 단일화에 더욱 공헌하고, 특히 전시의 거국일치체제 그리고 전후의 민주주의와 경제발전은 중산층의 증대, 확대라는 형태를 취하면서 점점 일본 사회의 단일화를 추진해 왔다고 할 수 있다.

이 일본 사회의 '단일성'이야말로 이 책에서 전개한 사람과 사람, 사람과 집단, 집단과 집단의 관계설정의 존재양식을 결정하는 경우에 중요한 기반이 된 것이다. '장'에 의한 집단의 형성, 평등주의, 동류와의 경쟁, 감정을 우선하는 세계의 형성 등, 모두 이 '단일성'을 전제로 하면 더욱 수긍이 간다.

이상의 고찰에 의해서도 분명해졌듯이 이 책은 '일본인의 특질'

이 아니라, 어디까지나 '단일 사회 이론'이라고 불러야 한다는 것이 필자의 입장이다.

이 책의 영어판 및 프랑스어판은 다음과 같다.

Chie Nakane, *JAPANESE SOCIETY*, 1970, London: Weidenfeld and Nicolson, Berkeley: The University of California Press, 1973 (as Pelican Sociology), Penguin Books (England).

LA SOCIÉTÉ JAPONAISE (tr. L. Ratier), 1974, Paris: Armand Colin.

역자 후기

흔히 유산이라고 하면 물질적이고 경제적인 것만을 생각하는 경향이 있다. 그러나 보이지 않는 정신적인 과제도 상속된다는 것을 간과해서는 안 된다. 조부의 세대가 풀지 못한 과제는 부모의 세대로 상속되는 것이고, 부모의 세대가 그것을 해결하는 데 실패했을 때 그 과제는 자손의 세대로 상속될 수밖에 없다.

해방과 분단 50주년이 지난 오늘날 우리가 상속받은 미해결의 과제 중의 하나는 근대 일본은 한민족에게 무엇이었는가를 규명하는 것이라 하겠다.

이러한 거창한 과제를, 일본 유학생활의 정리라는 나름대로의 과제와 연결시켜 생각하던 나에게 하나의 실마리를 제공하는 단서로서 떠오른 것이, 나카네 지에(中根千枝)의 저서 『단일사회 일본의 구조』의 번역이었다. 이 책은 일본 사회를 객관적이고 총체적으로 그리고 간명하게 포착한 책의 하나로 평가되어, 일본에서는 현재 88판을 거듭하고 있는 롱 베스트 셀러이고, 서구 제국에서도 일본을 알기 위한 기초 교과서로서 널리 읽혀지고 있다.

나카네 지에에 따르면 일본 사회는 다음 같은 구조에 의해 움직인다. 집단을 구성하는 원리는 일반적으로 두 가지 기준이 있는데 하나는 자격(attribute)이고 다른 하나는 생활의 場(frame)이다. 일본의 경우는 자격(혈연, 학력, 지위, 계급, 직업, 성 등의 질적 차이)이 아니라, 자격과 무관하게 일정한 지역, 소속기관과 같은 생활에서 장의 공유라는 기준에 의해 집단이 형성된다.

이렇게 형성된 집단의 경우 '우리 사람'이라는 의식도 자격 등을 기준으로 한 집단의 '우리 사람'의식과는 그 내용이 다르다. 장의 공유에 의한 '우리 사람'의식에는 실은 집단구성원을 자연스레 하나로 묶을 수 있는 질적 공통성이 없기 때문에 자기의 장과 외계의 경계를 의식적으로 부단히 준별하지 않으면, '우리'는 외계에 해소되는 위험에 처한다. 따라서 '우리'는 내용적 동질성에 의해 외부와 자연스럽게 구별되는 것이라기보다는, '우리'가 아닌 타집단을 의식적으로 배제, 적대함으로써 비로소 분명해지는 경계구분에 의해 유지된다고 볼 수 있다.

일본인의 '우리 사람'의식은 우리 집단이 인간의 전부라는 정서와 타집단은 인간도 아니라는 식의 적대적인 감정에서 극단적으로 양분되고 타집단 없이 '우리 사람'만으로도 무엇이든 해 낼 수 있다는 극도의 자기완결성과 자기중심성을 지향하는 것도 이런 집단 형성의 특성에서 유래한다고 볼 수 있다.

이러한 토양에서는 '우리' 집단을 내용적 동질성에 의해 계속 확대시키거나, 전체 가운데 하나의 집단으로 상대화시킬 수 있는 감수성도 매우 형성되기 어렵다고 할 수 있다.

일본적인 집단의 폐쇄성을 더욱 조장하는 것은 그것이 '단일사회'의 원리에 의해 움직이고 있다는 점이다. 자격에 의해 집단이 구성될 때에는 개인이 몇 개의 자격을 가지기 때문에 그 자격에 의해 여러 집단에 교착하며 소속하는 것이 가능하다. 그러나 장의 공유에 의해 집단이 형성될 경우에는 개인이 동시에 두 개 이상의 장에 자기를 둘 수 없으므로 개인의 집단귀속이 단일적일 뿐만 아니라, 장에 대하여 개인의 전인적(全人的)인 참가가 필요하다.

이 점과 관련하여 일본인의 가치관은 추상적이고 절대적인 원리에 의해 규정된다기보다는 소속된 장의 인간관계나 사회적 강제에 의해 규정되는 대단히 상대적인 것이라 할 수 있다. 또한 집단의 생명력은 약속이나 계약, 규범에 대한 충성도에 있는 것이 아니라, 직접적이며 정서적인 접촉에 의한 인간관계의 밀도에 좌우된다. 집단구성원들 사이에서 정서적, 성격적으로 서로 비슷한 유형이 되어가는 집단화가 진행되는 것도 이 때문이라고 할 수 있다.

한편 장의 공유로 구성된 집단이 형성하는 조직의 역학을 나카네 지에는 종적 관계로 설명하고 있다. 집단의 역학원리로서는 종적 관계와 횡적 관계가 있는데, 일본 사회에서는 전자가 강조된다. 즉 일본인의 인간관계는 저변이 없는 삼각형 모양으로서 상하가 연결되는 구조를 갖고 있다.

그러나 이 일본적인 종적 관계가 흔히 연상되는 것같이 상위자에게 막강한 권력을 주는 권위주의적인 체계가 아니라는 사실에 주목해야 한다.

일본의 리더는 다른 사회의 리더에 비해 그 리더십에서 대단한 제약을 받고 있다. 그 이유는 일본의 상하관계가 실력으로 상하관계가 형성되기보다 그 장에 소속하게 된 순서에 따르기 때문이고,

또 하나는 모든 구성원이 리더에게 직접적으로 연결되어 있는 것이 아니라 리더에게 직속하는 간부를 통해 삼각형적으로 연결되어 있기 때문이다.

따라서 리더십은 능력평등주의에 의해 제약을 받는 한편, 하부 세력과의 역학적, 정서적 관계에서 제약받게 된다. 그러므로 일본적인 리더는 집단의 대표격으로 어디까지나 그 집단의 일부분에 불과한 것이다. 이상적인 일본의 리더는 카리스마적인 지도자가 아니고 집단 내의 인간관계의 중심인 화목을 도모할 수 있는 원만한 포괄형인 것도 이러한 이유라고 할 수 있다.

단일사회의 원리로서 일본 사회의 구조를 파악하는 저자의 논리는 흔히 일본적 특성이라고 열거되는 것들—종신고용과 연공서열을 중심으로 하는 일본적인 경영, 지나친 능력평등관, 집단주의, 타집단에 대한 냉담과 적대라는 섬사람 기질 등—을 상호관련성 아래에서 이해할 수 있게 해 준다.

일본이나 한국은 서구와 비교하면 개인주의라기보다는 집단주의로서의 특징이 강하다고 할 수 있을 것이다. 그러나 일본 사회와 한국 사회는 공통점 못지않게 상이점도 많다고 할 수 있다. 한국 사회의 집단구성에서는 부계(父系) 혈족이라는 혈연관계가 상당히 큰 비중을 차지하고 있고, 인간관계에서도 혈연관계 외에도 우정, 同鄕, 同業, 동창 등의 관계를 통한 네트워크가 작용하고 있다.

상대적으로 '절대성'의 가치관이 발달했고 '개인'의 존재가 돌출해 있는 것도 일본과는 다른 점이라 하겠다. 또한 한국적인 서열관계도 저변이 없는 삼각형적 서열관계라고는 생각되지 않는다. 따라서 단일사회의 구조원리로서는 설명될 수 없는 한국 사회의 구조원리로는 어떠한 것이 생각될 수 있을까?

나카네 지에의 저서는 일본 사회의 구조 해명을 통해서 독자들에게 한국 사회의 해명을 통한 자기인식의 심화를 재촉하고 있다.

끝으로 원고가 출간되기까지 격려해 주신 한림대학교 일본학연구소의 지명관 선생님과 히구치 요코 양께 감사드린다.

양현혜

지은이 나카네 지에(中根千枝, 1926～)

1926년 도쿄 출생
1950년 도쿄대학 문학부 동양사학과 졸업
도쿄대학 동양문화연구소 소장을 거쳐,
현재 도쿄대학 명예교수
연구대상은 인도, 티베트, 일본의 사회조직
저서『適應の條件』,『タテ社會の力學』(講談社現代新書),
『家族を中心とした人間關係』(講談社學術文庫) 외 다수

옮긴이 양현혜(梁賢惠)

1983년 이화여자대학교 기독교학과 졸업
도쿄대 대학원 인문과학연구과 석사 · 박사
(종교학 · 종교사학 전공)
현재 이화여자대학교 기독교학부 교수
저서『윤치호와 김교신: 근대조선의 민족적 아이덴티티와 기독교』(한울, 1994년),『尹致昊と金教臣: その親日の論理と抗日の論理』(도쿄: 新教출판사, 1996년, 같은 해 中村元종교연구사 수상),『근대 한일 관계사 속의 개신교』,『야스쿠니신사』,『국가와 종교: 유럽 정신사에서 로마서 13장』,『메르헨: 자아를 찾아서』 외 다수

한림신서 일본학총서 발간에 즈음하여

1995년은 제2차 세계대전이 끝나고 우리나라가 일본 식민지에서 해방된 지 50년이 되는 해이며, 한 · 일간에 국교정상화가 이루어진 지 30년을 헤아리는 해이다. 한일 양국은 이러한 역사를 되돌아보면서 앞으로 크게 변화될 세계사 속에서 동북아시아의 평화와 번영을 추구해야 하리라고 생각한다.

한림대학교 일본학연구소는 이러한 역사의 앞날을 전망하면서 1994년 3월에 출범하였다. 무엇보다도 일본을 바르게 알고 한국과 일본을 비교하면서 학문적, 문화적인 교류를 모색할 생각이다.

본 연구소는 일본학에 관한 자료를 수집하고 제반 과제를 한 · 일간에 공동으로 조사 연구하며 그 결과가 실제로 한 · 일관계 발전에 이바지할 수 있도록 노력하고자 한다. 그러한 사업의 일환으로 여기에 일본에 관한 기본적인 도서를 엄선하여 번역 출판하기로 했다. 아직 우리나라에는 일본에 관한 양서가 충분히 소개되지 못했다고 느껴지기 때문이다.

본 연구소는 조사와 연구, 기타 사업이 한국 전체를 위해야 한다고 생각하며 한 · 일 양국만이 아니라 다른 여러 나라의 연구자나 연구기관과 유대를 가지고 세계적인 시야에서 일을 추진해 나갈 것이다. 그러므로 누구나 열린 마음으로 본 연구소가 뜻하는 일에 참여해 주기를 바란다.

한림신서 일본학총서가 우리 문화에 기여하고 21세기를 향한 동북아시아의 상호 이해를 더하며 평화와 번영을 증진시키는 데 보탬이 되기를 바란다. 많은 분들의 성원을 기대해 마지않는다.

1995년 5월

한림대학교 일본학연구소